2020年度
杭州金融发展报告

杭州市地方金融监督管理局　编

ZHEJIANG UNIVERSITY PRESS
浙江大学出版社

图书在版编目（CIP）数据

2020 年度杭州金融发展报告 / 杭州市地方金融监督
管理局编 . — 杭州：浙江大学出版社，2021.11
　ISBN 978-7-308-21913-6

Ⅰ . ① 2… Ⅱ . ①杭 … Ⅲ . ①地方金融事业—经济发
展—研究报告—杭州— 2020 Ⅳ . ① F832.755.1

中国版本图书馆 CIP 数据核字（2021）第 218495 号

2020 年度杭州金融发展报告

2020 NIANDU HANGZHOU JINRONG FAZHAN BAOGAO

杭州市地方金融监督管理局　编

责任编辑　平　静
责任校对　胡岑晔
装帧设计　乐读文化
出版发行　浙江大学出版社
　　　　　　（杭州市天目山路 148 号　邮政编码 310007）
　　　　　　（网址：http://www.zjupress.com）
排　　版　杭州乐读文化创意有限公司
印　　刷　浙江省邮电印刷股份有限公司
开　　本　710mm×1000mm　　1/16
印　　张　15.75
字　　数　266 千
版 印 次　2021 年 11 月第 1 版　2021 年 11 月第 1 次印刷
书　　号　ISBN 978-7-308-21913-6
定　　价　68.00 元

前　言

经过在杭金融监管部门、杭州市各相关单位的共同努力,《2020年度杭州金融发展报告》与大家如期见面了。

2020年,由于新冠肺炎疫情的冲击,全球经济、社会、人民生活都遭受了重创。面对复杂严峻的国内外环境,特别是新冠疫情的严重影响,在以习近平同志为核心的党中央的坚强领导下,全国人民从困难中奋起,统筹疫情防控和经济社会发展,取得了重大战略成果。经济总量再上新台阶,突破百万亿大关,全面建成小康社会取得伟大历史性成就,决战脱贫攻坚取得决定性胜利,中国交出了一份人民满意、世界瞩目、可以载入史册的答卷。

这一年,杭州经济也呈现了持续恢复、稳定回升的发展态势。全年实现地区生产总值16106亿元,比上年增长3.9%,增速分别高于全国、全省增速1.6和0.3个百分点。同时,"三大需求"结构持续优化,民生福祉不断改善,杭州的城市影响力得到进一步提升。杭州金融系统深入贯彻习近平总书记视察浙江、杭州重要讲话精神,按照党中央国务院、省委省政府和市委市政府的决策部署,践行"八八战略",打造"重要窗口",抓"六稳"、促"六保"、拓"六新",围绕金融工作"三大任务",各项工作取得新成就。全市金融运行保持平稳态势,市场融资规模持续扩大,金融服务质效不断优化,金融基础设施不断完善,对经济发展的支撑保障作用进一步增强。全市金融业增加值达到2038亿元,同比增长10.6%;占全市GDP比重为12.7%,较2019年提高1.1个百分点,为杭州经济社会发展做出了重大贡献。

作为一部全面客观反映这一年杭州金融业发展状况的文献,《2020年度杭州金融发展报告》系统总结了2020年杭州市金融业的总体发展与运行状况,提供了杭州金融业有关的基础数据和基本资料,介绍了杭州金融业取得的成绩和经验,分析了杭州金融业的发展趋势及面临问题,并提出了推动杭州金融业持续健康发展的建议。

报告由六个部分组成。第一部分"综合篇",主要内容为2020年杭州市宏观经济运行概况、2020年杭州市金融服务业发展报告和2020年杭州市金融运行报告,分别对2020年度杭州的宏观经济情况和金融业发展与运行情况进行了概述。第二部分"运行篇",介绍了2020年度杭州市银行、资本市场、保险、农信、小贷、典当、融资担保、融资租赁、股权投资、创投引导基金、上市公司并购重组、金融仲裁等行业及领域的发展情况、面临问题与对策建议。第三部分"港湾篇",根据《钱塘江金融港湾发展规划》的要求,对"打造核心区和若干金融特色小镇(集聚区)"进行专题总结和报告,包括2020年杭州国际金融科技中心暨钱塘江金融港湾建设工作报告,钱江新城与钱江世纪城两个核心区建设、玉皇山南基金小镇、西湖蚂蚁小镇、运河财富小镇等金融特色小镇建设工作报告。第四部分"规划调研篇",收录2020年完成的金融领域重点课题、主要项目的调研成果。第五部分"政策篇",选录了2020年杭州市金融业相关的政策文件。第六部分"附录",包含了2020年杭州市金融服务业大事记、主要经济金融指标、金融机构名录。

在本报告编写过程中,我们得到了中国人民银行杭州中心支行、浙江银保监局、浙江证监局、杭州市发改委、杭州市统计局、杭州金融仲裁院、省农信联社杭州办事处、上城区金融办、萧山区金融办、玉皇山南基金小镇、西湖蚂蚁小镇、运河财富小镇、白沙泉并购金融研究院等单位的大力支持。清华大学经济管理学院胡左浩教

授等专家审读了稿件。在此,向各相关单位和个人表示诚挚的
感谢!

　　我们由衷希望,《2020年度杭州金融发展报告》的编撰出版,可
以为上级领导、金融监管部门、行业机构、研究单位以及社会读者提
供有益的参考。同时,真诚欢迎广大读者对报告存在的不足之处提
出改进意见和建议。

《2020年度杭州金融发展报告》编委会

2021 年 8 月

目 录

附　录

综 合 篇

2020年杭州市宏观经济运行概况

杭州市统计局

2020年，面对复杂严峻的国内外环境，特别是新冠肺炎疫情的严重冲击，杭州市委市政府全面贯彻落实党中央国务院和省委省政府的决策部署，以强有力的举措抓"六稳"、促"六保"、拓"六新"，杭州市全年经济运行呈现持续恢复、稳定回升发展态势。

根据地区生产总值统一核算结果，杭州市全年实现地区生产总值（GDP）16106亿元，按可比价计算，比上年增长3.9%，增速分别高于全国、全省增速1.6和0.3个百分点。其中，第一产业实现增加值326亿元，下降1.1%；第二产业实现增加值4821亿元，增长2.3%；第三产业实现增加值10959亿元，增长5.0%。三次产业增长贡献率分别为－0.6%、21.2%和79.4%，结构由上年的2.1∶31.4∶66.5调整为2.0∶29.9∶68.1。

一、经济增长稳定回升，重点产业支撑有力

经济增长逐季回升。2020年一季度、上半年、前三季度GDP增速分别为－4.8%、1.5%和3.2%，全年增长3.9%。分行业看，工业、金融业、房地产业和营利性服务业拉动GDP增长贡献率分别为21.0%、29.5%、5.1%和40.4%，合计96.0%。金融业、房地产业全年分别增长10.6%和3.9%，增速分别较上年提高1.5和4.4个百分点。

数字经济蓬勃发展。全年数字经济核心产业实现增加值4290亿元，增长13.3%，高于GDP增速9.4个百分点，占GDP的比重为26.6%，较上年提高1.9个百分点；数字内容、软件与信息服务、电子信息产品制造产业增加值分别增长12.7%、12.9%和14.7%。人工智能产业持续壮大，产业增加值增长8.2%。

"新制造业计划"成效初显。高端制造快速成长,全年规模以上工业高新技术产业、装备制造业增加值分别为2448亿元、1837亿元,分别增长8.6%、11.8%,增速连续7年高于规上工业。

二、"三大需求"结构提升,双循环格局构建有序

投资有效扩大。全年完成固定资产投资增长6.8%,增速较上半年、前三季度分别提高3.1和0.4个百分点。工业投资、高新技术产业投资分别增长6.9%和10.0%,增速较上年提高1.3和1.6个百分点。项目民间投资、生态环保城市更新和水利设施投资、交通投资分别增长6.8%、11.7%和6.6%。房地产开发投资增长5.3%,新建商品房销售面积达1699万平方米,增长12.3%。

需求稳步升级。全年实现社会消费品零售总额5973亿元,下降3.5%,降幅比上半年、前三季度分别收窄3.3和1.7个百分点。从限额以上单位实现的商品零售看,基础类和生活改善类商品增长较快,日用品类、智能家用电器和音像器材类零售额分别增长10.3%和12.8%,体育娱乐用品类、化妆品类零售额分别增长47.5%和10.4%;汽车消费明显活跃,汽车零售额下降5.6%,降幅比上半年收窄12.7个百分点,其中新能源汽车零售额增长24.2%。线上消费活跃,限额以上批零企业通过公共网络实现商品零售额1008亿元,增长15.4%,拉动限额以上单位商品零售增长3.7个百分点。

出口结构优化。全年实现进出口总额5934亿元,增长5.9%,其中出口额3693亿元,进口额2241亿元,分别增长2.1%和12.9%。从出口看,出口到亚洲、欧洲和北美洲的出口额分别占全市出口总额的36.4%、28.3%和20.1%,合计84.8%。其中,对美国出口674亿元、德国168亿元、法国103亿元、荷兰113亿元,分别增长5.7%、17.5%、28.3%和14.6%;对"一带一路"沿线国家出口1170亿元,下降0.7%。全市高新技术产品、文化产品分别出口649亿元和213亿元,增长14.1%和6.4%,占出口总额的17.6%和5.8%,比重较上年提高1.9和0.2个百分点;劳动密集型产品出口1057亿元,下降3.5%,占出口总额的28.6%,比重较上年下降1.6个百分点。

三、核心竞争力不断上升，高质量发展促进有效

经济效率提升。全市规模以上工业全员劳动生产率36.2万元/人，比上年提高1.6万元/人；规模以上工业单位增加值能耗下降5.6%，降幅比上年缩小1.6个百分点。财政收入运行稳健。全市财政总收入3854亿元，增长5.6%，一般公共预算收入2093亿元，增长6.5%，其中税收收入1979亿元，占比为94.5%，居副省级城市首位。一般公共预算支出2070亿元，增长6.0%。

创新发展提升。创新投入不断加大，全市研究与试验发展（R&D）经费支出占地区生产总值比重提高到3.5%左右。全年规模以上工业研发费用增长13.5%，规模以上服务业研发费用增长35.8%。"双创"成果持续涌现。拥有有效发明专利7.33万件，增长25.2%；每万人发明专利拥有量70.75件，增长18.5%；PCT国际专利申请量2030件，增长83.5%。全年新设各类市场主体23.8万户，年末在册市场主体140万户，增长9.0%。创新平台加快建设。2020年，我市成功创建3个国家级企业技术中心，新认定3个省政府命名的特色小镇，之江实验室、西湖实验室成功纳入国家实验室建设序列。

企业效益提升。全市规上工业企业实现利润总额1239亿元，增长11.8%，增速较上半年、前三季度分别提高10.6和4.7个百分点。分行业看，通用设备制造业、专用设备制造业、电气机械和器材制造业实现利润分别增长30.7%、153.7%和14.3%。全市规上服务业企业实现利润2320亿元，增长16.5%，增速较上半年、前三季度分别提高25.9和13.7个百分点。其中，信息传输软件和信息技术服务业实现利润1903亿元，增长17.4%。

四、综合能级持续攀升，城市国际化发展有成

城市影响力不断扩大。全球城市指数排名大幅提升，科尔尼公司发布的2020年度全球城市指数（GCI）报告显示，杭州排名居全球第82位，较上年提升9位。国际会议目的地建设提速，国际大会与会议协会（ICCA）最新发布的全球会议目的地城市排行榜显示，杭州排名居全球第74位，较上一次排行大幅提升23位，在大陆城市中仅次于北京和上海。企业实力持续增强，根据《财

富》杂志发布的"2020年世界500强企业名单",阿里巴巴(132)、物产中大(210)、吉利(243)、海亮(468)等4家企业入围世界500强,其中阿里巴巴、物产中大排名较上年分别提高50位和39位。

交通枢纽日趋完善。2020年,杭州绕城高速西复线(杭绍段)、建金高速、千黄高速(淳安段)建成通车,新增高速公路里程169公里,高速公路总里程800公里。萧山机场年末通航城市187个,通航线路336条,航空货物吞吐量增长16.2%。地铁新增开通运营里程171公里,总运营里程达306公里,首次实现机场通地铁、全市十个区地铁全覆盖。

高端人才持续流入。杭州实施全球引才"521"计划、"高峰人才"引育计划等,推出"杭州人才码",新引进35岁以下大学生43.6万人,同比增长106%,新认定C类以上高层次人才865名,增长55.6%,连续10年入选"外籍人才眼中最具吸引力的中国城市",全市人才净流入率和海外人才净流入率保持全国首位。

对外开放持续扩大。中国(浙江)自由贸易试验区杭州片区落地,电子世界贸易平台(eWTP)全球首个公共服务平台上线。全市实现跨境电商进出口总额1084亿元,比上年增长13.9%。实际利用外资72亿美元,增长17.5%,其中,投资总额1亿美元以上大项目39个。全市境外企业总投资额达63.6亿美元,其中境外企业中方投资额达36.9亿美元,比上年增长79.4%。累计已有126家世界500强来杭投资222个项目。

五、社会发展稳中有升,民生福祉增进有为

社会保障更加健全。全市全年财政民生类项目支出1584亿元,占一般公共预算支出的比重为76.5%,其中社会保障和就业支出增长10.4%。新增城镇就业69.1万人,失业人员再就业4.5万人。基本养老保险、基本医疗保险参保人数分别增长5.6%和4.1%,失业、工伤、生育保险参保人数分别增长7.6%、13.8%和12.5%。

金融支撑更加有效。2020年末,全市金融机构本外币存款余额54246亿元,增长19.8%,当年新增存款8959亿元,同比多增3505亿元。全市金融机构本外币贷款余额49799亿元,增长17.9%,当年新增贷款7554亿元,同比多增

1468亿元。新增普惠小微贷款1755亿元、民营经济贷款3450亿元、制造业贷款415亿元,分别增长47.3%、24.1%和8.5%。新增上市公司28家。

居民收入持续提高。全市全年居民人均可支配收入61879元,增长4.4%,扣除价格因素实际增长2.3%。城乡居民人均可支配收入分别为68666元、38700元,分别增长3.9%和6.7%,扣除价格因素实际增长1.8%和4.5%,城乡居民收入比缩小至1.77。全市低收入农户人均可支配收入17659元,增长13.7%,高于农村居民收入增速7.0个百分点,年人均1万元以下低收入农户全面清零。

消费价格涨幅回落。2020年,全市居民消费价格同比上涨2.1%,低于上年1.0个百分点。12月,居民消费价格同比下降0.1%,环比上涨0.6%,其中,食品价格同比上涨1.0%,环比上涨2.8%;猪肉价格同比下降2.3%,环比上涨5.5%。居住、交通和通信、教育文化和娱乐价格同比分别下降0.1%、2.6%和2.0%。

2020年杭州市金融服务业发展报告

杭州市地方金融监管局

2020年,全市金融机构认真贯彻国家和省、市金融工作部署,统筹做好疫情防控和复工复产金融服务,深入实施融资畅通工程,积极推进金融改革创新,全力筑牢金融风险防控底线,实现各项金融指标继续稳健上行。全市实现金融业增加值2038亿元,较上年增长10.6%,增速超出地区生产总值6.7个百分点;占全市地区生产总值比重12.7%,创历史新高;占第三产业比重18.6%,较上年提升1.0个百分点(见表1)。据国内大中城市公开数据排名,杭州金融业增加值总量位居第8位,存、贷款余额均排名第5位,上市公司数量排名第4位,保费收入排名第7位,金融综合竞争力突出。

表1 2019—2020年全市金融业增加值

时间	地区生产总值(亿元)	同比增减(%)	第三产业增加值(亿元)	同比增减(%)	金融业增加值(亿元)	同比增减(%)	金融业增加值占地区生产总值比重(%)
2019年	15373	6.8	10172	8.0	1789	9.1	11.6
2020年一季度	3379	−4.8	2429	−1.1	501	10.4	14.8
2020年上半年	7388	1.5	5102	3.2	1000	9.8	13.5
2020年前三季度	11567	3.2	7945	4.6	1530	10.5	13.2
2020年	16106	3.9	10959	5.0	2038	10.6	12.7

数据来源:杭州市统计局、杭州市地方金融监管局。

一、金融服务业运行概况

(一)融资规模大幅增长,结构优化

2020年,全市新增社会融资规模9808.84亿元,创历史新高。分种类看,

以人民币贷款为主的间接融资达7160.10亿元,较上年多增759.04亿元;以债券、股权融资为主的直接融资达2648.74亿元,较上年多增1346.99亿元。年末直接融资、间接融资占比分别为27.0%和73.0%,较年初分别上升和下降10.1个百分点(见表2),融资结构更加均衡。

表2　全市社会融资规模增量结构　　　　　　　　　　　(单位:亿元)

	融资项目	2019年新增	2020年新增
	地区社会融资规模	7702.81	9808.84
间接融资	人民币贷款	6064.70	7535.95
	外币贷款(折人民币)	-65.07	-80.74
	委托贷款	-328.08	-92.68
	信托贷款	2.91	-749.68
	未贴现的银行承兑汇票	529.90	318.51
	其他	196.70	228.74
	合计	6401.06	7160.10
直接融资	企业债务融资工具	670.81	1738.29
	股票融资	167.78	380.79
	政府债券	463.16	529.66
	合计	1301.75	2648.74

数据来源:中国人民银行杭州中心支行。

(二)金融业态持续集聚

2020年,全市新增1家银行业机构、5家证券分公司、1家期货分公司。至年末,全市共有各类银证保持牌金融机构616家,其中银行业86家、证券业445家、省级以上保险机构85家。银行业机构具体为政策性银行3家、国有商业银行5家、邮政储蓄银行1家、股份制商业银行12家、城市商业银行14家、民营银行1家、农村中小金融机构18家、外资银行12家、金融资产管理公司4家、信托公司4家、财务公司8家、金融租赁公司1家、消费金融公司1家、汽车金融公司1家、商业银行理财子公司1家;证券业机构具体为证券公司3家、证券资产管理公司2家、证券分公司61家、证券营业部265家、证券投资咨询机构2家、公募基金公司1家、期货公司10家、期货分公司22家、期货营业部79家。

2020年末,全市主要地方金融组织中,有小贷公司55家、融资担保公司118家、典当行90家、融资租赁公司254家、商业保理公司1家。

(三)银行业稳中向好

1. 贷款增势稳健

2020年末,全市金融机构本外币各项贷款余额49799.28亿元,较年初增加7554.11亿元,增幅17.88%,增速较上年上升2.45个百分点。全年贷款增长较为均衡(见图1)。

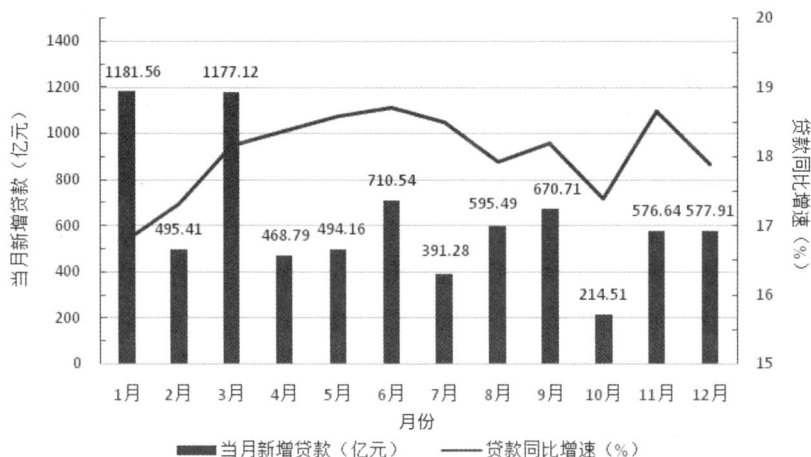

图1　2020年全市金融机构本外币各项贷款月度增长情况

数据来源:中国人民银行杭州中心支行。

从贷款行业结构看,2020年末全市住户贷款余额20428.78亿元,较年初增加3910.78亿元,占全部新增贷款的51.8%;企(事)业单位贷款余额29021.25亿元,较年初增加3645.76亿元,占全部新增贷款的48.2%。近年来住户贷款增速高于企(事)业单位贷款增速的状态延续。从期限结构看,年末全市中长期贷款余额30049.56亿元,较年初增加4457.85亿元,占全部新增贷款的59%(见表3),贷款结构继续中长期化。

表3　2020年末全市金融机构本外币贷款余额及增幅

指标	年末余额 (亿元)	比年初增长 (亿元)	同比增减 (%)
各项贷款余额	49799.28	7554.11	17.88
其中:一、住户贷款	20428.78	3910.78	23.68
1.短期贷款	7573.73	1964.19	27.79
2.中长期贷款	12855.05	1946.59	21.37
二、企(事)业单位贷款	29021.25	3645.76	14.37
1.短期贷款	9012.74	899.03	11.08
2.中长期贷款	17194.51	2511.26	17.10
3.票据融资	1849.86	222.57	13.68
4.融资租赁	944.24	12.91	1.39
5.各项垫款	19.90	—0.01	—0.07

数据来源:中国人民银行杭州中心支行。

从贷款投向行业看,剔除购房贷款因素,年内贷款增长最快的三个行业分别为信息传输、软件和信息技术服务业,租赁和商务服务业,批发和零售业,增幅依次为52.79%、25.98%、25.24%;年内新增额最大的三个行业分别为租赁和商务服务业、批发和零售业、制造业,增加额依次为729.08亿元、513.24亿元、415.09亿元。其中,制造业贷款增速较上年提高1.74个百分点,达到8.49%,创近年来最高水平(见表4)。

表4　2020年全市各行业贷款情况

贷款投向行业	余额 (亿元)	比年初增减 (亿元)	同比增减 (%)
房地产开发贷款	4216.47	383.12	11.11
购房贷款	9511.58	1221.50	14.73
制造业贷款	5308.84	415.09	8.49
批发和零售业贷款	2549.24	513.24	25.24
信息传输、软件和信息技术服务业贷款	569.96	196.92	52.79
租赁和商务服务业贷款	3535.53	729.08	25.98
水利、环境和公共设施管理业贷款	4223.30	378.53	9.85

数据来源:中国人民银行杭州中心支行。

从贷款企业类型看,年末大型企业、中型企业、小型企业和微型企业贷款余额分别为8686.14亿元、10553.88亿元、6315.53亿元和1473.53亿元,同比分别增长14.82%、16.44%、7.57%和31.88%。

从辖内四区三县(市)看,贷款增速排名前三的地区依次为桐庐、建德、富阳,增速分别是25.41%、25.00%、21.62%(见表5)。

表5 2020年末县(市、区)本外币贷款余额占比和增速

指标	萧山	余杭	富阳	临安	桐庐	淳安	建德
余额(亿元)	5096.74	3165.55	1812.12	974.54	697.06	357.66	564.55
占比(%)	10.23	6.36	3.64	1.96	1.40	0.72	1.13
增速(%)	15.08	20.40	21.62	21.33	25.41	14.68	25.00

数据来源:中国人民银行杭州中心支行。

2. 存款加速增长

2020年末,全市金融机构本外币各项存款余额为54246.47亿元,较年初增加8959.48亿元,增幅为19.78%,增速较上年增加6.02个百分点。分月份看,存款总体呈波动增长态势(见图2)。

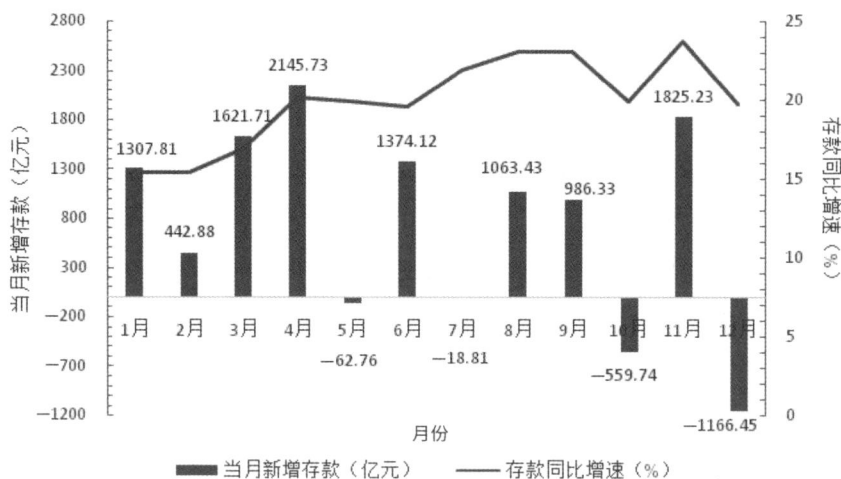

图2 2020年全市金融机构本外币各项存款月度增长情况

数据来源:中国人民银行杭州中心支行。

3.资产质量平稳可控

2020年,全市银行业机构累计实现利润576.7亿元,较上年下降23.4亿元。2020年末全市不良贷款余额435.5亿元,较年初增加75.1亿元;不良率为0.87%,较年初上升0.02个百分点,低于全省平均水平0.11个百分点。

(四) 证券期货业蓬勃发展

1. 证券业大幅增长

2020年,全市证券经营机构累计代理交易额25.7万亿元,较上年增长48.4%,交易额占全省的41.1%。全年实现利润17.68亿元,较上年增长103%。年末托管市值26087.91亿元,较年初增长64.4%。证券投资者开户数782.82万户,较年初增长8.8%。

2. 期货业快速发展

2020年,全市期货经营机构累计代理交易额49.3万亿元,较上年增长40.1%,交易额占全省的71.8%。全年实现利润17.39亿元,较上年下降0.57%。期货投资者开户数为33.53万户,较上年增长14.29%。

3. 股权融资持续活跃

2020年,全市企业股权融资共计924.98亿元,较上年增长288.16亿元。其中,境内外IPO融资509.07亿元,上市公司定增409.19亿元,新三板挂牌企业定增6.72亿元。

4. 债券融资较快增长

2020年,全市企业在各类市场发债共计2006.03亿元,较上年增长318.23亿元。其中,银行间市场债务融资工具1783.90亿元,可转债86.13亿元,上市企业公司债41亿元,企业债95亿元。

(五) 保险业稳步上行

2020年,全市保险机构累计保费收入964.44亿元,较上年增长13.96%,占全省的33.63%。其中财产险保费收入达291.19亿元,较上年增长7.51%;人身险保费收入达673.25亿元,较上年增长17%。

2020年,全市保险机构累计赔付支出264.64亿元,较上年增长8.87%,占全省的29.10%。其中财产险赔付支出167.88亿元,较上年增长3.59%;人身险赔付支出96.76亿元,较上年增长19.44%。

(六) 地方金融业规范发展

1. 地方法人机构运行平稳

2020年末,杭州银行资产总额达11692.6亿元,较上年增长14.2%;存款余额达6980.3亿元,较上年增长13.7%;贷款余额达4836.5亿元,较上年增长16.8%。全市农商行资产总额达7723.4亿元,较上年增长25.5%。村镇银行资产总额达149.6亿元,较上年增长18.2%;存款余额达112.4亿元,较上年增长22.5%;贷款余额达111.05亿元,较上年增长16.4%。4家法人信托公司资产总额达241.3亿元,较上年增加18亿元;负债总额达52.2亿元,较上年增长14.4亿元。

2. 小贷行业经营稳健

2020年末,全市小额贷款公司注册资本92.9亿元,较上年减少5.35亿元;贷款余额达108.81亿元;全年累计发放贷款2.57万笔(小额贷款占87.34%)、金额196.35亿元(小额贷款占31.45%)。

3. 担保行业稳中有进

2020年末,全市融资性担保机构注册资本187亿元,较上年增加1亿元;融资担保余额达585.41亿元;全年累计发生担保业务3.81万户、金额480.89亿元。

4. 典当行业向好发展

2020年末,全市典当行注册资本42.39亿元,较上年增长8.38亿元;典当余额达38.87亿元,较上年增长19.15%;全年累计发生典当业务4.4万笔、金额171.13亿元。

5. 第三方支付进一步集中

2020年,全市10家第三方支付机构共发生支付业务8.9亿笔、金额5111.5亿元,全省占比分别为94.4%和84.3%,较上年分别提高4.1和18.1个百分点。

6. 私募基金业规范发展

2020年末,全市在中国证券投资基金业协会完成登记的备案私募基金管理人为1548家,较年初减少2家;备案基金6209支,较年初增加957支;管理资产规模6631.4亿元,较年初增加794.1亿元。私募基金管理人家数、备案基金数、管理资产规模分别占到全省的53.1%、53.7%和46.8%。

二、重点工作推进情况

（一）持续加大金融服务实体经济力度

1. 强化信贷服务保障

迅速贯彻新冠肺炎疫情防控工作部署，第一时间参与制定实施市"1+12"惠企政策举措，出台企业融资降成本工作实施方案，助力企业复工复产。全年累计兑现降融资成本政府奖励7748万元，推动银行减免企业利息2.2亿元，惠及小微企业2.9万余户。引导金融机构实施小微企业延期还本付息政策，其中地方法人金融机构办理延期4.7万户、本金272亿元。大力支持民营、小微、制造业发展，全市民营经济贷款新增3450.3亿元，小微贷款新增2045.6亿元，制造业贷款新增415亿元，新增额分别是上年同期的2.1倍、1.5倍和1.3倍。进一步做优杭州金融综合服务平台功能，配套成立杭州征信公司，至年末，平台已入驻银行52家，注册企业6.8万户，累计撮合融资金额759亿元，切实缓解小微企业融资难融资贵、银企信息不对称等问题。

2. 扩大资本市场利用

深入实施"凤凰行动"计划，加大对重点拟上市企业、上市公司及挂牌企业的扶持力度，稳步提升直接融资比重。认定市级重点拟上市企业136家，动态调整完善企业上市梯队。全市全年累计新增上市公司28家（其中科创板2家），历史上新增数最多。2020年全市累计培育上市公司总数达218家，成为继北京、上海、深圳后第四个上市公司超200家的城市。此外，全市新三板企业达223家，股交中心挂牌企业达3204家。开展民企发债专项行动，全市民营企业共发行债务融资工具369亿元，占全省的57%。《中国城市资本活力指数报告》显示，杭州资本活力指数全国城市排名第2。

3. 全力破解担保难题

出台《杭州市政策性融资担保业务风险补偿管理办法》，引导融资担保公司进一步加大对小微、"三农"的服务力度，年内全市首次风险补偿兑现约3000万元。积极贯彻企业降成本政策举措，全市担保机构累计为企业减免担保费用2633.7万元，涉及担保金额67.6亿元，惠及企业3000余家。

（二）高标准建设杭州国际金融科技中心

1. 树立金融平台标杆

遵循经济金融发展趋势，引导金融资源不断向核心区块、优势产业区块集聚，放大金融集聚规模效应。推进杭州金融城、钱塘江金融城建设，进一步擦亮钱塘江金融港湾核心区及金融特色小镇品牌。截至2020年末，港湾核心区已累计入驻省级以上持牌金融机构60余家、大型要素交易平台6家，已经成为全省金融机构总部、区域总部、金融要素平台的集聚高地。玉皇山南基金小镇等5个金融特色小镇已集聚各类金融服务机构5000余家，管理资产规模2.3万亿元，成为国内外知名的私募基金发展平台。

2. 着力招引重大项目

积极招大引强，按年编制年度重点任务（项目）清单，建立任务（项目）库，推进项目落实落地。其中，世界银行全球数字金融中心开园揭牌，蚂蚁集团全球总部正式落户，国内首家合资银行卡清算机构——连通（杭州）技术有限公司获批开业。杭州银行总部、太平浙江总部、中国人寿大厦等项目建设有序推进。

3. 打造人才集聚高地

围绕建设国际金融科技中心目标，全面实施"钱塘金才"专项引育工程，优化国际金融认证资格证书奖补政策。积极开展人才评定工作，年内评定高层次人才165人、"市万人计划"金融经济领域人才2人。探索开展金融人才管理体制机制改革，注重发挥金融人才协会的人才管理服务职能，有效发挥市场在金融人才资源配置、评价激励、管理服务中的决定性作用。

（三）纵深推进区域金融改革开放

1. 积极融入长三角一体化发展

加强与上海、南京、合肥等长三角区域城市的金融协同，探索在政策规划、协调机制、要素市场、基础设施等方面实现一体化联动，推进钱塘江金融港湾与上海陆家嘴的金融协同发展。巩固提升杭州都市圈金融服务功能，带动全省金融业发展。强化上交所杭州上市服务基地建设，优化上市服务。

2. 持续深化金融改革创新

成功获批金融科技创新监管试点城市，稳步推进项目征集、专家评审、项目公示、入箱检测等试点工作,首批 5 个创新应用已完成登记并入盒测试。成功获准浙江区域性股权市场参与区块链建设试点。全面落实创新驱动发展国家战略,联合上海、南京、合肥、嘉兴共同申报长三角区域科创金融改革试验区。积极争取数字人民币试点,探索构建数字人民币、人民币现金和各种电子支付工具共同发展的支付新格局。

3. 加快推进金融对外开放

深入实施浙江自贸区杭州片区金融创新,推动跨境人民币业务发展,提升外汇收支便利化水平。全年跨境人民币结算量达 5011 亿元,居全国第五位。支持外资金融机构与杭州金融机构加强合作。拓宽与香港、纽约、伦敦等地境内外资本市场联通渠道。

(四)切实维护地方金融安全稳定

1. 加强党对金融工作的领导

贯彻金融新发展理念,努力增强领导干部掌握运用金融知识的能力,以新理念指导新实践。巩固钱塘江金融港湾党建联盟,更好发挥成员单位作用,服务实体经济发展。落实《浙江省地方金融条例》,提升地方金融依法行政能力。发挥杭州市企业金融顾问团作用,扎实服务企业、服务群众、服务基层,全年累计组织服务 12 批次。

2. 有效防控重点领域金融风险

全市网络借贷风险处置工作取得阶段性成效,网贷机构数等指标在全国率先"清零"。信贷资产质量保持平稳。扎实开展上市公司股权质押纾困,累计帮扶上市公司 12 家、涉及金额 71 亿元。持续推进金融领域"扫黑除恶",累计排查 9000 余家企业,助力扫黑除恶专项斗争完美收官。有序推进私募风险排查。加强防范非法集资宣传教育,增强群众风险防范意识。

3. 提升地方金融综合治理效能

顺利组建挂牌市地方金融监管局,完善内部机构设置,充实人员队伍,不断增强地方金融监管能力。健全地方金融议事协调机制,推进与国家金融管理部门、市级相关部门的信息互通互享,提高系统性、跨行业、跨层级的金融事务监管能力。

2020年杭州市金融运行报告

中国人民银行杭州中心支行

2020年,面对复杂多变的国际国内环境和突如其来的新冠肺炎疫情,杭州市金融系统深入贯彻落实习近平总书记视察浙江、杭州重要讲话精神,认真贯彻中央和省委省政府、市委市政府有关决策部署,忠实践行"八八战略",奋力打造"重要窗口",着力推进金融服务实体、改革创新、风险防范三大任务,各项金融工作取得了新的成就,为杭州市经济持续健康发展做出了贡献。

一、2020年杭州市金融运行概况

2020年,全市金融运行保持平稳态势,市场融资规模持续扩大,金融服务质效不断优化,金融基础设施不断完善,对经济发展的支撑保障作用进一步增强。全市金融业增加值达到2038亿元,同比增长10.6%,高出全市GDP增速6.7个百分点;占全市GDP比重12.7%,较2019年提高1.1个百分点。金融业增加值、贷款余额增速居全国大中城市第1位,存款余额、保费收入增速均排名第2位。

（一）银行业稳步发展,信贷规模平稳增长

全市银行业按照逆周期调节要求,认真落实稳健货币政策,改革创新工作有序开展。银行业规模持续扩大,经营绩效保持良好,信贷总量较快增长,结构越趋合理,不良贷款率持续降低。

1. 银行业规模继续扩大,经营绩效良好

截至2020年末,在杭银行业金融机构共有86家。2020年末杭州金融机构存贷款情况如表1所示。

表1 2020年末杭州金融机构本外币存贷款情况 （单位:亿元）

机　　构	存款余额	贷款余额
政策性银行	315.08	5434.31
商业银行	41799.41	33904.76
其中:国有商业银行	18754.11	13634.73
股份制商业银行	15488.83	14921.36
城市商业银行	7556.47	5348.67
农村合作机构	6101.03	4522.32
邮储银行	892.37	2063.36
民营银行	2299.57	1333.05
村镇银行	112.36	111.05
财务、信托、租赁公司	1469.21	2069.69
外资银行	366.58	401.21

数据来源:中国人民银行杭州中心支行。

2. 存款持续增长

截至2020年末,全市金融机构本外币存款余额达54246.5亿元,同比增长19.78%;2020年存款累计新增8959.5亿元,同比多增3504.7亿元。从存款结构看,(1)住户存款同比多增。2020年,全市住户存款新增2496.8亿元,同比多增815.4亿元,增长20.98%。(2)非金融企业存款增长较快。2020年,全市非金融企业存款余额24934.8亿元,同比增长22.95%。(3)广义政府存款总量略有下降。2020年,全市广义政府存款余额9025亿元,同比增长−3.41%。其中,全市财政性存款和机关团体存款余额分别为1813.4亿元和7211.6亿元,分别同比增长−1.98%和−3.76%。(4)非银行业金融机构存款增长较快。2020年全市非银行业金融机构存款余额4326.6亿元,同比增长39.77%。

3. 贷款继续增长,不良率总体稳定

截至2020年末,全市金融机构本外币各项贷款余额达49799.3亿元,同比增长17.88%,全年累计新增贷款7554.1亿元。从贷款部门结构看,年末全市住户贷款余额达20428.8亿元,较上年末增长3910.8亿元,同比增长23.68%;非金融企业及机关团体贷款余额达29021.3亿元,较上年末增长3645.8亿元,同比增长14.37%。从贷款期限结构看,年末中长期贷款余额达30049.6亿元,较上年末增加4457.9亿元,同比增长18.89%;年末短期贷款余额达16586.5亿元,较上年末增加2863.2亿元,同比增长18.13%。从贷款质量看,年末全市不良贷款余额达435.5亿元,比年初增加75.1亿元;不良贷款率为0.87%,比年初上升0.02个百分点,低于全省0.11个百分点。

(二)证券业稳步发展,融资规模快速提升

2020年,杭州证券期货业发展势头较好,经营机构业务量与利润快速回升,资本市场有效支持实体经济(见表2)。

表2　2020年杭州证券业基本情况

项　目	数　量
总部设在辖内的证券公司数(含资管公司)(家)	5
证券营业部数(家)	265
总部设在辖内的公募基金公司数(家)	1
总部设在辖内的期货公司数(家)	10
期货营业部数(家)	79
年末境内上市公司数(家)	162
境内上市公司年度累计募集资金总额(亿元)	869.95
其中:首次发行累计筹资额(亿元)	113.42
再融资累计筹资额(亿元)	756.53

数据来源:浙江证监局、市地方金融监管局。

1. 证券期货业经营绩效回升

2020年末,全市共有法人证券公司(含资产管理公司)5家,证券营业部265家,证券投资咨询机构2家。证券经营机构全年累计代理交易额25.7万亿元,同比增长48.4%;实现利润17.68亿元,同比增长103%。各法人证券公司继续推动证券经纪业务转型和产品创新。期货经营机构代理交易额49.3万亿元,同比增长40%;实现利润17.39亿元,同比下降0.57%。

2. 资本市场融资快速增长

2020年末,全市共有上市公司218家,其中境内上市162家;全年新增上市公司28家,IPO融资509.07亿元。在境内上市公司中,主板上市公司73家、中小板上市公司34家、创业板上市公司46家、科创板上市公司9家;"新三板"挂牌企业累计达223家。截至2020年末,全市备案的私募基金管理人有1548家,较年初减少2家;备案基金有6209支,较年初增加957支;管理资产规模为6631.4亿元,较年初增加794.1亿元。

(三)保险业健康发展,市场体系日益完善

2020年,全市保险业务规模平稳增长,服务领域持续拓宽,现代保险经济补偿和风险保障功能有效发挥,服务实体经济能力进一步增强。

1. 保险机构体系完善

截至2020年末,全市共有省级以上保险机构85家,保险机构、中介机构、行业社团共同发展的市场格局更趋成熟(见表3)。

表3　2020年杭州保险业基本情况

项　　目	数　　量
总部设在辖内的保险公司数(家)	4
其中:财产险经营主体(家)	2
寿险经营主体(家)	2
保险公司省级分支机构(家)	85
其中:财产险公司分支机构(家)	38
人身险公司分支机构(家)	47
保费收入(中外资,亿元)	964.44
其中:财产险保费收入(中外资,亿元)	291.19
人寿险保费收入(中外资,亿元)	673.25
各类赔款给付(中外资,亿元)	264.64

数据来源:浙江银保监局。

2. 业务规模进一步增长

2020年,全市保险公司保费收入为964.44亿元,同比增长14.0%。其中,财产险保费收入为291.19亿元,增长7.5%;人身险保费收入为673.25亿元,增

长17.0%。

3. 保险保障功能有效发挥

推进小微企业出口信用保险统保方案落地,推动首台(套)、首批次保险扩面。建设"普惠型"商业补充医疗保险制度,其中"西湖益联保"等产品深受群众欢迎。深化保证金领域引入保险机制,缓解企业现金流压力,重点在建设工程领域提高工程保函覆盖率。2020年,全市支付各类保险赔偿款264.64亿元,同比增长8.9%,占全省的29.1%。其中,财产险赔付支出167.88亿元,增长3.6%;人身险赔付支出96.76亿元,增长19.4%。

(四)社会融资总量稳步上升,同业净拆入规模同比增长

1. 本外币贷款规模增加,直接融资占比提高

2020年,全市社会融资总量9548亿元,同比增加2043亿元。其中,通过本外币贷款融入资金7455亿元,同比增加1456亿元;直接融资(银行间市场债务融资工具、公司债券、企业债券、股票融资)占比22%,同比提高10.7个百分点。

2. 同业拆借交易量有所下滑,净拆入规模同比增长

2020年,全市银行间市场成员累计拆借108976亿元,同比下降18%。净拆入资金共计52797亿元,同比上升23%。

(五) 金融服务不断优化,各项业务快速发展

1. 信用体系建设稳步推进

(1) 二代征信系统顺利实现上线运行。截至2020年末,全市共有62家小额贷款公司、担保公司、村镇银行等小微机构接入系统,系统覆盖面和服务范围有效延伸。(2)多元化、多层次的征信市场体系逐步形成。截至2020年末,全市共有备案企业征信机构6家,累计对外提供14.97亿次企业征信服务。(3)中小微企业和农村信用体系建设持续深化。截至2020年末,全市地方征信平台累计为2.9万户中小微企业建立信用档案,其中,共有2.4万户企业获得银行800余亿元信贷支持;已累计为120万农户建立了信用档案,对其中107.6万农户发放了贷款,有效起到金融支农惠小的作用。

2. 支付体系建设迈上新台阶

（1）支付清算系统稳定运行。2020年，杭州市大、小额支付系统和网上支付跨行清算系统共处理业务12.11亿笔、金额343.01万亿元，分别同比增长26.01%和18.22%。（2）本外币合一银行结算账户体系试点完成准备。根据中国人民银行总行统一部署，完成本外币合一银行结算账户体系试点业务和技术准备工作。（3）移动支付之城建设深化。截至2020年末，杭州市共有移动支付活跃用户1105.25万户，全年发生移动支付交易161.83亿笔、金额20.38万亿元。（4）银行卡助农服务持续开展。2020年度杭州市共发生各类助农业务127.13万笔，金额24.54亿元。其中，共发生助农取款业务57.22万笔，金额6.05亿元；共发生现金汇款业务38.42万笔，金额2.72亿元；共发生转账汇款业务11.58万笔，金额7.59亿元；共发生代理缴费及其他业务13.53万笔，金额1738.27万元。（5）支付服务市场风险整治成效不断强化。组织开展3轮存量账户风险排查，累计排查单位账户145万户、个人账户5.5亿户，处置单位风险账户7.4万户、个人风险账户688万户。上线"云互联"风险防控平台，累计共享异常开户信息6564条，监测预警风险账户5.04万户。强化监管问责，累计对11家银行机构采取通报、约谈等措施，暂停17个银行网点1至3个月的新开户业务。对3家银行机构、2家法人支付机构开展专项执法检查。配合公安破获1起非法经营资金支付结算案件。

3. 外汇管理服务便利化持续推进

截至2020年末，全市有1104个银行机构网点开办结售汇业务，229个银行机构网点开办远期结售汇业务，161个银行机构网点经营期权业务。积极利用金融科技，为缓解企业"融资难"提供新解决方案。截至2020年末，全市共224家企业通过跨境金融区块链服务平台办理贸易融资业务，涉及业务3748笔、融资金额9.38亿美元。在外汇收支便利化试点方面，截至2020年末，全市共有59家企业开展贸易外汇收支便利化试点，累计办理试点业务4.8万笔、金额106.27亿美元，有效提高了收付汇效率。截至2020年末，全市共有41家企业参与跨境资金集中运营，2020年全年跨境收支33.19亿美元，占全省（含宁波）的29.27%。2020年全年，杭州市共办理资本项目外汇收入支付便利化试点业务7194笔，涉及企业245家、支付金额31.9亿美元。

4. 跨境人民币业务平稳发展

2020年,全市跨境人民币累计结算量5011亿元,同比增长9.6%。全市累计有44家银行、5172家企业与118个国家和地区开展跨境人民币业务,参与主体范围和地区分布更加广泛。

二、需关注的几个问题

(一)强化金融总量保障中面临的挑战

杭州市金融总量、增量、增速总体保持较高水平,对实体经济的支持有力,与经济发展水平也基本匹配,但也面临两方面挑战:一是支持政策到期退出带来的资金接续压力。中央强调要保持宏观政策连续性、稳定性、可持续性。人民银行工作会议指出,货币政策要稳字当头,不急转弯。货币政策总体会保持平稳状态,但是政策最终会回归常态,如何稳住信贷存量,减少对企业正常生产经营的冲击,是工作中需要重点考虑的内容。二是债券违约事件增多带来民营企业发债困难。债券市场属于公开市场,风险传染快、外溢性强,一个地区、某个行业的债券违约,会对其他地区、整个行业发债带来严重冲击,而民营企业首当其冲。

(二)信贷结构优化中需要关注的问题

2020年以来,杭州市信贷结构优化虽取得明显成效,但仍面临两方面挑战:一方面,货币信贷政策的传导机制需要进一步畅通。金融资源向民营、小微、制造业、乡村振兴等重点领域的倾斜配置要继续巩固深化,首贷户、信用贷、中长期制造业贷款等要扩面增量,要加强信贷投向真实性核查和监管,严厉打击经营贷、消费贷等资金违规流向房地产市场行为。另一方面,科技创新和"碳达峰、碳中和"重大战略对金融服务提出新的更高要求。中央经济工作会议将"强化国家战略科技力量"和"做好碳达峰、碳中和工作"作为八项重点任务中的两项,要求金融体系更好发挥资源配置作用,促进更多资金流向科技创新、绿色发展领域。总的来看,科创金融、绿色金融都是产业金融的概念,是一项系统工程,需要产业、财政、金融政策等协同发力,比如科创、绿色标准建设,项目认定,政策体系等,需要更深入地研究谋划。

（三）金融风险防控仍需持续关注

杭州金融风险总体可控,金融生态良好,但是几类风险隐患仍值得关注:一是大型企业风险。大型企业出险可能引发信贷市场、债券市场和股票市场等交叉感染,处置难度较大。二是平台企业风险。如平台公司向金融领域无序扩张,过度采集用户数据,侵犯消费者个人隐私,诱导客户过度负债等。三是网贷类、私募股权类非法集资,电信诈骗和跨境赌博等市场风险。从P2P网贷到私募领域风险,再到长租公寓流动性风险,一些不法分子假借各类机构、产品等名义,隐蔽地开展非法集资活动或诈骗活动,需要持续保持高压打击态势。此外,还需关注辖内小法人金融机构的流动性风险。

三、下一步工作重点

立足新发展阶段,贯彻新发展理念,构建新发展格局,为金融发展提供新的机遇,也对金融工作提出了更高要求和挑战。杭州市金融系统要准确把握当前形势,找准工作方向和着力点,推动金融高质量发展,为加快构建新发展格局提供有力有效的金融支持。

（一）聚焦稳定连续,着力强化金融总量保障

一是做好全年信贷调控工作。加强监测和预测,指导金融机构做好信贷规划,把握投放的力度和重点,确保贷款总量平稳增长。同时,支持法人金融机构通过发行金融债产品等补充资本资金,提升对实体经济持续服务能力。二是保障存量贷款的接续。重点组织金融机构做好政策有序接续,对于专项再贷款支持的企业,落实名单制管理,提前摸排企业贷款到期节点和需求,保持企业融资的稳定性和延续性。三是持续推进民营企业发债工作。组织金融机构加大发债推介和宣传力度,建立潜在发债企业名单库,重点加强对科创企业、绿色产业等重点领域企业的发债支持,发行量力争增长10%以上。

（二）聚焦灵活精准，着力优化金融资源配置

一是深化首贷户拓展、"三张清单"、制造业中长期贷款提升等专项行动。2020年推进了"1+4"资金保障体系建设，在结构上突出小微、民营、制造业、外贸四个重点领域，开展了首贷户拓展专项行动，未来要继续深化。同时要高度重视乡村振兴的金融支持工作。二是以科创金融改革试验区建设为抓手，全面提升科创金融服务质效。围绕先进装备制造、物联网、生物医药、信息软件等重点领域，协同有关部门，组织开展好科技创新领域贷款、发债等专项行动，推动"人才金融20条"政策高效落实。三是以推动节能环保产业和制造业绿色转型发展为目标，加快绿色金融体系建设。要在前期绿色信贷统计评价、长三角绿色金融信息管理系统建设等基础上，按照绿色产业培育和传统产业绿色转型两条主线，创新绿色金融产品，强化政策激励，更加全面、系统地推进绿色金融工作。完善评价考核内容，加大考核力度，并重点关注国家金融管理部门关于支持技术进步、碳减排等货币政策工具的推出，《绿色债券支持项目目录》等标准的修订，争取政策在杭州率先落地。

（三）聚焦生态优化，着力防范化解金融风险

一是加强监测，摸清风险底数。对企业风险，紧盯债券集中到期企业、股票高比例质押上市公司的大股东，以及规模较大的担保圈风险，建立名单制，实施动态管理；对机构风险，利用好法人金融机构流动性实时监测系统，组织开展好金融风险"排雷"专项行动；对支付领域风险，要用好支付清算风险"云互联"监控平台，做好风险监测和预防，坚决打击电信诈骗和跨境赌博等活动；对非法集资风险，全力配合市政府做好风险排摸处置工作。同时发挥好金融委办公室地方协调机制作用，强化信息共享、风险研判和联合处置。二是进一步推进市场化法治化风险出清，做好债转股和破产重整工作。在债转股方面，要争取全国性银行金融资产投资公司对杭州市债转股项目倾斜，推动地方法人银行积极开展债转股业务。在破产重整上，深化与市中院的合作，完善与破产程序相衔接的金融服务工作机制，支持重整企业金融信用修复。三是规范互联网平台企业金融活动。落实中央强化反垄断和防止资本无序扩张的重大决策部署，以及浙江省关于促进平台经济规范健康发展的意

见,促进平台经济规范、健康、持续发展。

（四）聚焦改革开放,着力推进金融创新发展

在金融服务对外开放方面,以金融支持浙江自贸区杭州片区为抓手,带动提升杭州市跨境金融服务水平。紧紧围绕浙江自贸区杭州片区"三区一中心"功能定位和五年行动计划,做好外汇政策和跨境人民币政策试点和落地工作,要积极向上争取跨境贸易投资高水平对外开放试点,实现政策更优;要以"外汇联络员暖心帮企"专项行动为载体,将金融支持与杭州市跨境电商、服务贸易等发展紧密结合起来,提高政策落实效果。在金融改革创新方面,重点围绕杭州国际金融科技中心建设,抓好"金融＋科技"创新试点工作。重点抓好三项改革:一是国家级科创金融改革试验区建设。结合杭州市加快建设城西科创大走廊,深化国家自主创新示范区建设,促进数字经济和制造业高质量融合发展等科技创新发展战略,提早谋划金融支持科技创新发展的工作方案和项目清单,以金融工具和政策创新提升服务科技创新能力。二是统筹推进金融科技创新监管试点和金融科技创新应用试点。对于已经通过评审并提供服务的项目,要总结经验,推广应用;推动项目审批常态化,加大审批力度,支持更多的项目纳入"监管沙盒",着力营造良好金融科技创新氛围和环境。三是抢抓数字人民币试点机遇,深化移动支付之城建设。做好试点准备工作,打造数字人民币运行的生态体系,进一步优化移动支付环境建设,助力杭州数字经济和数字社会发展。

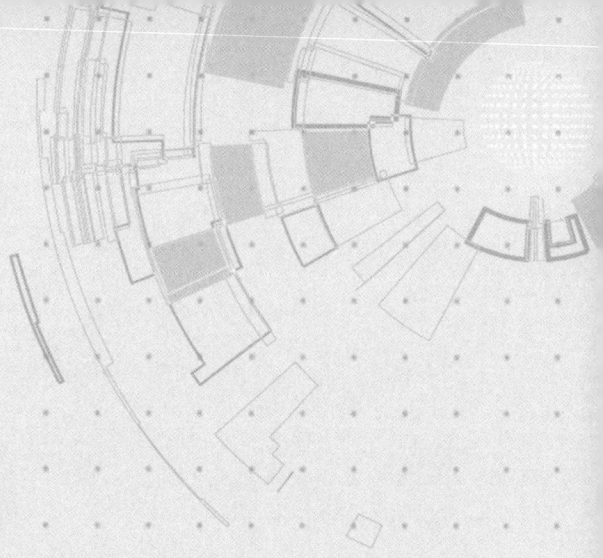

运 行 篇

2020年杭州市银行业发展报告

浙江银保监局

2020年,杭州市银行业按照市委市政府的各项决策部署和金融监管部门的监管要求,在"重要窗口"建设大局中主动担当作为,立足杭州实际,统筹做好疫情防控和复工复产金融服务,着力优化金融发展环境,坚决打好风险防控攻坚战,有力支持了杭州市经济的高质量发展。

一、银行业运行基本情况

(一)银行业资产负债规模增势较好

截至2020年末,杭州市银行业表内总资产达7.41万亿元,同比增长18.75%。各项贷款余额达4.98万亿元,同比增长17.88%。总负债达7.14万亿元,同比增长18.9%。各项存款余额达5.42万亿元,同比增长19.78%。

(二)各类重点领域信贷供给良好

截至2020年末,制造业贷款余额达5838.05亿元,比年初增长545.43亿元,同比增长10.31%。小微企业贷款余额达1.2万亿元,比年初增长1890.18亿元,同比增长18.73%。受疫情影响严重的批发零售业和住宿餐饮业贷款增速分别为42.37%、35.16%。

(三)账面信贷资产质量平稳可控

截至2020年12月末,杭州市银行业不良贷款率为0.87%(全省0.98%),比年初上升0.02个百分点;逾期贷款率为0.9%(全省1.0%),比年初下降0.06个百分点;关注类贷款率为1.48%,比年初下降0.55个百分点。

二、银行业服务实体经济和风险防控情况

(一) 推进银行业支持复工复产和减负让利

一是精准施策助力企业复工复产。浙江银保监局针对性出台20余项政策文件,率先建立浙江银行业惠企政策清单,实施困难企业一对一帮扶政策,率先落实"双保"(保就业、保市场主体)应急融资,落实中小微企业延期还本付息政策,发挥好无还本续贷、中期流动资金贷款等机制作用。截至2020年末,杭州市无还本续贷647.2亿元,同比增长121.9%。深化推进"服务企业服务群众服务基层"活动,精准实施"百行进万企"融资对接工作。举办"一带一路"建设银企对接会、"稳外贸稳外资"金融服务对接活动。二是持续推进减负让利。银行业协会在疫情期间倡议,对受疫情影响较大的制造业、批发零售业、住宿餐饮业等行业企业,给予应付贷款利息优惠,按照1年期贷款市场报价利率计收,超出部分全部减免。浙江银保监局持续推动清理不合理收费,开展监管督查,组织涉企收费现场检查;扎实推进减息让利工作,持续引导银行业新发放贷款利率下行。

(二) 提升各类重点领域金融服务质效

在支持制造业方面,浙江银保监局联合相关部门出台《金融支持制造业高质量发展行动方案》,推动制造业中长期贷款占比持续提升。2020年末,杭州市制造业贷款余额达5838.05亿元,同比增长10.31%。在小微金融服务方面,大力拓展首贷、信用贷,推进线上续贷。2020年杭州市新增小微支行9家,年末小微企业贷款余额达1.2万亿元,同比增长18.73%,超各项贷款增速0.85个百分点。在科技金融领域,推动完善专业化的科技金融服务体系,支持设立专注于科技金融的专业机构。推动建立科技企业信贷识别标准,深入探索股债联动。浙江银保监局联合浙江省市场监督管理局在杭州举办浙江首场国家知识产权质押融资"入园惠企"活动,强化政策宣导。推进知识产权质押融资县区业务全覆盖,12家在杭银行参与知识产权质押融资线上办理试点。

（三）持续推进重点领域风险防范化解和金融市场乱象整治

一是充分联动地方政府，形成风险出清合力，做实困难企业分类帮扶。着力化解处置大型民营企业风险，重点评估延期还本付息贷款和帮扶企业贷款质量，充分计提拨备，加大处置力度。2020年杭州市银行业处置不良贷款421.05亿元（2019年处置423.80亿元）。二是加强重点领域风险防范化解。加大影子银行整治力度，加大对同业投资、理财业务、资金信托等监管力度。加强房地产信贷监测和风险防控，严格落实房地产贷款集中度相关要求。开展个人贷款违规流入房市排查，摸清违规贷款底数并加大违规处罚。三是组织乱象整治"回头看"，压实机构主体责任。治理存款市场乱象，印发《关于进一步规范辖内存款市场若干问题的通知》，针对"假"结构性存款、"以贷转存、以票引存"等存款乱象组织监管整治。

（四）不断深化银行业保险业改革创新

一是推进浙江省金融综合服务平台迭代升级。全流程支持银行放贷环节，覆盖省、市、县三级放贷体系，汇集形成智能化派单的"信贷超市"。建立业务协同系统全面提升放贷效率，跨部门开发"银税互动"专区、"总对总"抵押登记线上办理系统、非上市公司股权质押风险协同防控系统。二是推动银行业保险业"最多跑一次""无证明化"改革。完善可取消事项、可取消证明"指导性"目录清单，打通银政保数据节点，精简和优化各类证明材料。三是积极对接浙江自贸区杭州片区工作。

三、存在问题分析

（一）潜在信用风险仍需警惕

信贷资金向优质企业过度集中，容易引起资金空转等套利风险。部分大型民营企业贷款风险难以真实反映，不良贷款划转、处置等环节难度较大，风险尚未有效出清。延期还本付息政策延后了企业的债务风险，后续信用风险可能集中显现。此外，企业信用债风险也可能交叉感染，影响银行整体资产质量。

（二）影子银行、交叉金融风险需关注

类信贷业务风险底数还不清晰,金融市场风险交织,国企信用债和个别城投债出现违约的情况下,容易引发交叉风险。上市公司股权质押业务也使银行信贷业务与资本市场密切交织。

（三）房地产"灰犀牛"风险需要高度关注

高杠杆经营使房地产企业一直面临较大的偿债压力,2020年以来,房企融资环境逐渐缩紧,资金链紧张已成为行业内普遍现象。"三道红线""五档分类"监管新规①的设立,进一步加剧房企尤其是部分高负债民营房企的资金压力,对商业银行在客户选择和风险把控上也提出了更高的要求。

四、下一步工作重点

（一）进一步提升金融服务实体经济质效

从实体经济难点、痛点出发,深化完善服务实体经济机制,提升服务实体经济质效。围绕"六稳六保",优化信贷结构,在重点领域深化"4+1"小微金融服务、供应链金融、科技金融、知识产权质押融资等措施。围绕企业获得信贷便利化,结合杭州地方特点,进一步深化我局各项融资畅通政策,降低企业融资成本,减轻企业负担。

（二）深入推进金融改革创新

助推长三角一体化发展,加快金融服务同城化建设。加强浙江自贸区金融改革创新,聚焦杭州片区功能定位,探索建立差异化机构、产品和服务体系,加快实现重点项目改革破题。深入推动股债联动,支持科技型企业发展。

---

① 三道红线指人民银行和住建部门的规定,剔除预收款项后的资产负债率不超过70%,净负债率不超过100%,现金短债比不小于100%。五档分类指人民银行、银保监会《关于建立银行业金融机构房地产贷款集中度管理制度的通知》,对房地产贷款、个人住房贷款占比按不同银行类型分为5档监管要求。

持续配合杭州做好钱塘江金融港湾、金融科技中心建设等改革试点工作。

（三）加强重点领域风险防控

着力防范单体机构风险，加强高杠杆领域风险防控，防范化解大型企业信用风险，加强监测，完善风险防控长效机制。紧盯房地产"灰犀牛"，严格落实房地产贷款集中度管理。推进政府隐性债务风险化解。强化影子银行和交叉性金融的风险监测，防范类信贷业务风险，做实穿透管理。加强对互联网平台金融活动和银行保险机构合作业务监管，落实同类业务监管一致性原则，强化反垄断工作。

2020年杭州市资本市场发展报告

浙江证监局

2020年,杭州市坚持以习近平新时代中国特色社会主义思想为指引,深入贯彻落实习近平总书记考察浙江、杭州重要讲话精神,扎实做好"六稳"工作、全面落实"六保"任务,有效促进杭州资本市场平稳运行。

一、杭州资本市场发展概况

(一)上市公司数量领先,后备企业资源充足

2020年,杭州新增境内上市公司16家①,占全省新增总数的26.67%,位居全省第一;新三板挂牌企业减少23家。截至2020年底,杭州有境内上市公司162家,其中主板上市公司73家、中小板上市公司34家、创业板上市公司46家、科创板上市公司9家;有新三板挂牌企业223家;有浙江股权交易中心挂牌展示企业3204家。截至2020年底,全市有拟境内上市企业121家,其中辅导期企业70家,已报会待审核企业43家,已过会待发行企业8家。杭州上市公司数量在省内各地市中位居榜首,后备企业资源充足,且在各市场板块间形成了良好的梯队效应,为各类企业对接多层次资本市场发展奠定了坚实的基础。

(二)股债融资协同发展,融资总量持续增长

2020年,杭州有17家公司在境内A股市场完成首发融资共113.42亿元,同比下降47.45%,主要原因系2019年浙商银行首发融资125.97亿元导致当

---

① 2020年全市IPO上市新增17家,另有1家已上市公司(光启技术)迁出杭州,因此合计新增16家。

年首发融资基数特别大。其中,9家公司在主板上市,融资64.97亿元;1家公司在中小板上市,融资4.33亿元;3家公司在创业板上市,融资14.28亿元;4家公司在科创板上市,融资29.84亿元。除首发融资外,有26家上市公司实施再融资共756.53亿元,同比增长209.79%(见表1)。其中,12家上市公司增发融资418.97亿元,同比增长415.27%;15家上市公司通过可转债、公司债和交易所ABS融资337.56亿元,同比增长107.21%。此外,2020年杭州有64家企业发行公司债券101支,融资1052.35亿元,同比增长160.16%。

表1 2020年杭州境内上市公司情况

序号	指标名称	2019年年末数	2020年新增数	2020年年末数
1	境内上市公司(家)	146	16	162
2	其中:主板(家)	64	9	73
3	中小板(家)	34	0	34
4	创业板(家)	43	3	46
5	科创板(家)	5	4	9
6	募集资金(亿元)	3759.24	869.95	4629.19
7	其中:首发募资(亿元)	1034.35	113.42	1147.77
8	其中:主板(亿元)	493.49	64.97	558.46
9	创业板(亿元)	222.72	14.28	237
10	科创板(亿元)	51.34	29.84	81.18
11	再融资(亿元)	2724.89	756.53	3481.42
12	已报会企业(家)	24	—	43
13	辅导期企业(家)	48	—	70

(三)证券行业健康发展,服务实体成效明显

截至2020年底,全市有证券公司5家(含2家证券资产管理子公司),公募基金管理公司1家,证券公司分公司61家,证券营业部265家,证券投资咨询机构2家;全市有证券投资者开户数782.82万户;证券经营机构托管市值为2.61万亿元,客户交易结算资金余额为592.29亿元。2020年,全市证券经营机构共实现代理交易额25.73万亿元、手续费收入52.81亿元、利润总额17.68亿元;全市证券公司实现营业收入105.04亿元,实现利润总额40.92亿元;公

募基金管理公司基金管理规模311.36亿元。在2020年证券公司分类评价中，所有证券公司均获评A。

2020年，杭州证券公司坚持深耕浙江，坚持服务实体经济，与地市政府及40余家国有企业、金融机构深化战略合作，帮助企业实现各类直接融资累计约1800亿元。其中，财通证券承销了浙江首支地方国有企业双创债——20科创S1；浙商证券积极推进基础设施REITs试点申报工作，以杭徽高速浙江段项目申请并首批参加了国家发改委和证监会的联合评审。

（四）期货行业开拓创新，期现结合精准服务

截至2020年底，全市有期货公司10家，期货公司分公司22家，期货营业部79家（见表2）；全市有期货投资者开户数33.53万户，客户保证金余额695.52亿元。2020年，全市期货经营机构共实现代理交易额49.28万亿元、手续费收入17.32亿元、利润总额17.39亿元（见表3）；期货公司共实现代理交易额53.47万亿元、营业收入39.87亿元、利润总额16.39亿元。在2020年期货公司分类评价中，南华期货、永安期货、浙商期货获评AA，大地期货获评A。

2020年，杭州期货公司及风险管理子公司利用期货、期权等金融衍生品工具，坚持"四个保"即保春耕、保民生、保抗疫、保复工，为"三农"和实体企业解决春耕资金短缺、原材料采购难、价格波动大等困难提供帮助。

表2　2020年杭州证券期货经营机构情况

序号	指标名称	2019年年末数	2020年新增数	2020年年末数
1	证券公司（含证券资产管理子公司）（家）	5	0	5
2	证券分公司（家）	56	5	61
3	证券营业部（家）	263	2	265
4	证券投资咨询机构（家）	2	0	2
5	公募基金管理公司（家）	1	0	1
6	证券从业人员（人）	5833	314	6147
7	期货公司（家）	10	0	10
8	期货分公司（家）	19	3	22
9	期货营业部（家）	79	0	79

表 3 2020年杭州证券期货交易情况

序号	指标名称	2019年年末数/2019年全年	2020年年末数/2020年全年
1	证券经营机构代理交易金额(亿元)	173368.44	257270.51
2	其中:A、B股交易额(亿元)	105805.09	173164.16
3	基金交易额(亿元)	2566.39	5139.69
4	证券经营机构代理交易手续费收入(亿元)	34.61	52.81
5	证券经营机构利润总额(亿元)	8.71	17.68
6	证券经营机构托管市值(亿元)	15866.58	26087.91
7	证券经营机构客户交易结算资金余额(亿元)	436.62	592.29
8	证券投资者开户数(万户)	719.24	782.82
9	期货经营机构代理交易金额(亿元)	352013.76	492800.9
10	期货经营机构代理交易手续费收入(亿元)	12.48	17.32
11	期货经营机构利润总额(亿元)	17.49	17.39
12	期货经营机构客户保证金余额(亿元)	456.33	695.52
13	期货投资者开户数(万户)	29.34	33.53

(五)私募行业稳健发展,管理规模稳步增长

近年来,杭州私募基金行业募投比较活跃,在促进创新资本形成、改善社会融资结构、推动地方经济转型升级等方面发挥了积极作用。杭州市、区两级政府注重集聚金融资源,着力打造了多个有代表性的金融特色小镇,如杭州玉皇山南基金小镇、湘湖金融小镇、余杭梦想小镇等,持续推动形成良好的金融投资和发展环境。2020年,杭州私募基金行业保持了稳健发展的良好势头,管理规模稳步增长,服务科技创新的作用进一步发挥。截至2020年底,杭州共有1548家私募基金管理人完成登记,发行私募基金产品6209支,管理资产规模达6631亿元,同比增长13.60%。

二、当前存在的主要风险及下一步工作建议

(一)上市公司方面

杭州上市公司发展情况总体良好,新材料和新能源产业快速发展,研发

力度增强,创新驱动产业升级。但同时也要警惕上市公司实际控制人高比例股票质押风险、大股东资金占用及违规担保等风险。

建议建立定期协商合作机制,加强信息通报,共同做好上市公司风险防范和处置工作;加强监管协作,促进上市公司质量提升和规范运作;加强拟上市企业分层分类和梯队培育,择优推动更多企业对接多层次资本市场。

(二) 公司债券方面

杭州公司债券市场近年来快速发展,截至2020年末存续公司债券210支,存续规模2172.35亿元,约占全省公司债存续规模的26%。伴随债券兑付高峰的到来,必须警惕流动性风险和信用风险。

建议全面摸排属地发行人风险底数,建立早识别、早预警、早发现、早处置的风险防控工作体系;及时化解公司债券潜在违约风险,加强对兑付方案执行过程中相关问题的协调;落实属地责任,对实质违约公司债券,做好投资者信访维稳、发行人清产核资和破产重整等工作,及时处置风险;加强日常沟通与信息通报,共同做好债券市场风险事件的防范和应对工作。

(三) 私募基金方面

杭州私募基金管理机构数量和基金产品规模均占全省总数50%左右。私募基金在支持中小企业、创新创业企业股权融资方面发挥了重要作用。但随着经济金融形势的变化,私募行业进入调整期,前期快速发展中隐藏的矛盾和问题集中显现,部分私募机构违法违规募集、管理、使用基金积累的风险持续暴露。总体来看,杭州私募行业必须警惕流动性风险、违规风险和道德风险,个别私募机构还可能涉嫌违法犯罪。

建议借鉴P2P网络借贷风险处置的经验和相关专班工作机制,依托"天罗地网"金融风险监测预警系统,借助金融风险网格化管理、投资者举报投诉的线索以及资金监测系统等多元化渠道,深入开展私募机构风险监测,健全预警响应机制。

2020年杭州市保险业发展报告

浙江银保监局

一、保险业运行基本状况

2020年，杭州市保险业保费收入964.44亿元，同比增长13.96%，高于全省4.81个百分点；赔付支出264.64亿元，同比增长8.87%，高于全省5.40个百分点；为社会提供风险保障1681.54万亿元，同比增长180.34%（全省225%）。

全市财产险公司实现保费收入291.19亿元，同比增长7.51%；赔付支出167.88亿元，同比增长3.59%。车险业务实现保费收入146.66亿元，同比增长2.76%；非车险业务实现保费收入144.53亿元，同比增长12.79%。全市财产险公司实现承保利润13.91亿元，同比增长68.94%。承保利润同比增长较多的原因：一是疫情期间，居民外出受限，车险出险率明显下降，2020年全市财产险公司赔付支出较去年同期增速下降17.51个百分点；二是内源性动力和外部监管压力下，财产险公司手续费、佣金等压降明显；三是因2019年我省大灾冲击下财产险业承保利润基数较低。

全市人身险公司实现保费收入673.25亿元，同比增长17.00%；赔付支出96.76亿元，同比增长19.44%。分险种看，寿险和健康险是维持保费增长的主要动力，健康险业务持续高速增长。全市寿险业务实现保费收入545.84亿元，同比增长15.86%；人身险公司经营的健康险业务实现保费收入115.89亿元，同比增长25.77%。

二、保险业服务社会发展情况

(一) 助力疫情防控和复工复产

浙江银保监局第一时间印发《关于有效发挥保险作用全力保障企业复工复产相关工作的通知》,督促各财险公司有效落实各项惠企政策,全力保障企业复工复产,并将推动保险服务复工复产纳入全年常态化工作。疫情期间,辖内财险公司通过延长保险期间、延期缴纳保费、降低保险费率等方式帮助企业降低营运成本或缓解财务压力。人身险公司主动扩展保险责任条款,开通理赔绿色通道。2020年中国出口信保浙江分公司在杭州市辖的短期出口保险保额247.8亿美元,同比增长4.3%,服务企业2万家。

(二) 助力实体经济发展

一是助力制造业转型升级。浙江银保监局联合省经信厅研究深入实施装备制造业首台(套)提升工程,扩大企业受益面,助力科技创新。二是参与社会治理。浙江银保监局与省应急厅、省食安办推进安全生产责任保险规范化、食品安全责任保险;与省生态环境厅推进环境污染责任保险;与省公安厅积极争取将浙江作为全国第一批交强险在线核查试点地区,积极推动打通车险保单电子化应用“最后一公里”。三是助力乡村振兴。浙江银保监局制定《贯彻落实农业保险高质量发展工作的意见》,出台农业保险业务经营条件细则;推动农业保险“提标增品扩面”,完善新型农业经营主体综合保险并扩大试点范围。四是深化保证金领域运用保险机制改革为企业减负。通过保险替代企业保证金,缓解企业现金流压力,重点在建设工程领域提高工程保函覆盖率,2020年杭州市通过保险机制释放各类保证金1149.5亿元,比2019年增长27.5%。

(三) 推进民生保障服务

一是完善多层次医疗保障体系。浙江银保监局联合省医保、省财税部门率先在全国印发省级层面指导意见,促进商业健康保险发展;指导推动杭州市落地实施参保广覆盖(不设个人年龄、健康状况等前置条件)、待遇可衔接(与基本医保、大病保险、医疗救助充分衔接)商业补充医疗保险,实现了"选缴保费法"升级推广惠民;指导省保险行业协会做好医疗票据数据信息共享平台建设工作;指导保险公司积极稳妥参与低收入农户补充政策性保险工作。二是抓好养老保险第三支柱建设。研究政策性长期护理保险业务相关情况,指导保险公司做好退役义务兵养老保险兑付工作。

(四)切实提升应急管理能力

浙江银保监局制定《浙江辖内银行业保险业自然灾害及重大事故应急工作预案》,并推动将预案纳入全省应急预案体系。与省应急厅联合印发《关于积极推进应急救援力量意外伤害保险工作的通知》,共同推进民间救援人员保险工作事宜。探索在浙江省保险行业协会成立自然灾害应急协调中心,加强行业数据共享分析,推动开展行业预警协作。出台大灾协作方案,合理配置各类救灾资源,组建理赔应急队伍,研究试点大灾应对"四个统一"(统一施救、统一处置场地、统一拍卖处置、统一定损标准)。

(五)强化监管引领行业有序发展

一是开展保险市场乱象治理。深入开展打击保险诈骗犯罪数据化实战试点,在全国率先建立反保险欺诈数据库。推动人身险银保合作领域乱象整治,开展意外险市场清理整顿。重拳治理保险中介市场乱象,出清问题机构。二是持续推进车险高质量发展,做好车险综合改革落地实施。完善车险非现场监管机制,开展经营数据真实性专项治理,对违反报批商业车险条款费率的行为严格采取相应监管措施。对杭州车险市场主体开展全覆盖数据排查。三是紧盯重点公司、重点风险,加强风险预警和指导处置。做好天安财险托管工作。加强对辖内"惠民保"类商业医疗保险运营风险提示。四是加大对违法违规问题举报的处理力度。对涉及违法违规的相关机构和责任人给予监管问责。2020年对在杭保险机构累计行政处罚30起,处罚金额602.67万元。

三、下一步工作思路

(一) 加快推进保险参与社会治理

聚焦公共利益和民生关切,加强与各级政府部门沟通协作,着力打造保险服务社会治理现代化精品项目。一是深入推广"保险＋服务"模式。以风险减量为目标,强化保险的防灾防损功能,重点在事前预防、事中控制、事后统筹中发挥作用。二是提升社会应急管理能力。针对我省台风等自然灾害多发的特点,会同财政部门和应急管理部门,加快推进巨灾保险试点,尽快探索出一种财政可负担、商业可持续的巨灾保险发展模式。三是加快发展养老健康保险。推动专属商业养老保险试点高质量落地,积极发挥商业养老保险的"第三支柱"作用。稳步推动城市定制型医疗保险地市全覆盖,继续推进长期护理保险试点。稳妥推进保险公司与省财政票据中心数据互联互通,实现医疗保险赔付"一站式"结算。

(二) 巩固保险业乱象整治成果,促进合规建设

推动保险业从规范业务经营行为转向更加注重健全内控合规管理,压实保险机构合规经营主体责任,引领自觉守法、审慎经营的保险业新生态。督促保险机构将重大决策部署落到实处,规范大股东行为,紧盯重要岗位关键人员,严格工作职责,规范流程机制,形成有效的制衡和监督。强化管理制度化、制度流程化、流程信息化的内控理念,将各项业务制度的合规要求嵌入业务流程中。

2020年杭州市农信系统发展报告

浙江省农信联社杭州办事处

2020年,在杭州市委市政府、浙江省农信联社以及金融监管部门的坚强领导下,杭州市农信系统认真贯彻落实杭州市第十三届人大第五次会议精神,全力以赴服务"六稳""六保"、融资畅通工程、乡村振兴战略等大事要事,大力发展以人为核心的全方位普惠金融,实现平稳健康发展。

一、业务运行总体情况

杭州市农信系统主要业务实现"十三五"圆满收官。"十三五"期间,杭州农信存贷款年均增速分别达到14.65%和15.81%,分别高于全国同业平均5.31和3.37个百分点。至2020年末,各项存款余额为6156.61亿元,是期初的1.97倍;各项贷款余额为4630.73亿元,是期初的2.07倍,存贷总额五年刚好翻了一番,总量突破1万亿元。2020年末,五级不良贷款率为1.02%,拨备覆盖率为554.38%。

二、重点业务工作

(一)服务大局,全面助力"两手硬,两战赢"

根据"六稳""六保"要求和精神,扎实推进融资畅通工程。一是加大投放助企复工达产。主动对接政府疫情防控相关部门,全力满足医用物资生产扩产及采购、科研攻关、技术改造的资金需求。积极落实疫情防控专项再贷款政策,全年共发放人行疫情防控专项贷款179户,贷款金额35.93亿元,惠及企业户数位列全省第一、金额位列全省第二。至2020年末,共发放支农再贷款

33.22亿元,累计支持6193户,其中首贷户2514户;发放支小再贷款298.84亿元,累计支持22723户,其中首贷户6193户。二是多项举措助企渡过难关。根据企业最迫切的需求,相继推出防疫薪金贷、复工贷等多个新产品。充分利用省市综合金融服务平台及网点、APP等线上线下渠道,做好受疫情影响的小微企业帮扶工作。至2020年末,累计走访小微和民营企业逾5000户,为企业解决融资需求近150亿元。三是优化服务助企减负降本。发挥LPR对贷款利率的引导作用,对列入重点支持对象的企业实行准入门槛、授信审批、融资规模、利率优惠"四个倾斜"。截至2020年末,为疫情受困企业节省融资成本3.26亿元。下辖8家农商行为疫情防控捐款捐物1415万元。

(二)服务实体,推进以人为核心的全方位普惠金融

扎实做好金融服务乡村振兴,有序推进农户小额普惠贷款。至2020年末,辖内8家农商行全部与当地农业农村部门联合发文,实现农户小额普惠贷款推广174个乡镇(街道)全覆盖,农户小额普惠贷款授信108.54万户、授信金额2114.28亿元。全面推进数字化和大零售转型,不断丰富浙里贷产品体系,创新小微数贷和科创数贷产品,实现企业线上智能授信和线下便捷用信。

(三)服务基层,努力建设一流社区银行

坚持党建共建,积极融入社区治理。根据"红色互动"的部署,与杭州市委两新工委联合发文,开展"红盟聚力"专项服务,安排200亿元防疫专项资金,实施"银企互动"金融支持行动。至2020年末,杭州农信辖内8家农商行已走访两新企业1929家,贷款授信金额达215亿元,为企业减息让利4183万元。全市农信为经济薄弱村发放促增收贷款49亿元。强化政银合作,在与杭州市农业农村局签订金融支持乡村振兴战略合作协议、建立全面合作关系的基础上,扎实推进全市农村集体经济数字管理系统的试点准备工作。与杭州市城乡建委合作推进"智慧农居"项目,为农村建房审批管理平台配套支付结算和信用融资综合解决方案。与杭州市委老干部局签订战略合作协议,探索金融服务"时间银行"建设。做好未来社区建设服务对接,正式授信32亿元,已发放贷款10.91亿元。

（四）服务发展，优化体制机制内生动能

牢固树立"行稳致远"的长远发展理念，严防信用风险，加强大额贷款管控，加大不良清收。加强流动性风险和市场风险管理，做好限额监测、预警。开展反洗钱客户身份识别治理。开展重大政策跟踪审计等审计项目，促进合规经营。认真做好案件风险排查和乱象治理等各项工作，保持案防高压态势。深化运用管理会计，逐步建立完善资产负债全面管理。全面推进网点转型，探索标准化的实施方案，发挥大堂经理、运营主管的能力，提升网点运营效能。扎实推进"清廉农信"建设，加强"一把手"权力运行监督，打造农信铁军。

三、业务发展展望

2021年是建党100周年和"十四五"规划开局之年，杭州农信的总体思路是：紧紧围绕杭州市委市政府、省农信联社以及金融监管部门的决策部署，高标准、高质量完成全年任务目标，以优异成绩庆祝建党100周年。通过党史学习教育，增强把握大局大势的政治能力，提高促进经济社会发展的政治执行力；以全省农信系统全面开展"业务提升年"活动为契机，持续推进大零售转型和数字化转型，深化以人为核心的全方位普惠金融；坚守"姓农、姓小、姓土"的核心定位，以农信情怀和奋斗者姿态转化为争创"重要窗口"建设和社会主义现代化先行省金融标兵的重大力量，以担当作为、实干成绩，奋力展现"头雁风采"。

（一）聚焦行稳致远，在高质量发展上迈出新步伐

站在"十四五"开局之年，立足新发展阶段，贯彻新发展理念，围绕全面助力双循环、高水平推进金融服务乡村振兴、推动实现共同富裕的战略部署，结合实际谋划"十四五"工作，确保业务持续健康发展。紧紧围绕省委提出的"为全面推进乡村振兴和共同富裕再立新功"的部署要求，充分运用好各类政策，创新农村金融产品，发挥乡村振兴主办银行作用，助推农业农村现代化建设。重点抓好拓展脱贫攻坚成果、农户小额普惠贷款用信、农村基础设施建

设、农村集体"三资"系统试点等工作。持续对接银税互动平台、省市金融综合服务平台等,跟进信贷支持,运用好各类政策工具,助力企业减负降本。

(二)聚焦创新提升,在夯基固本上实现新成效

抓紧抓实主责主业,深化"三服务"走访,扩大走千访万成果。全力拓展资金组织业务,丰富线上存款配置,满足客户多样化需求。深刻认识当前银行业加速进入业务结构分化期的趋势和背景,统一思想、转变观念,加快业务结构转型。抓住发展时机,紧紧围绕全省农信系统"业务提升年"活动部署,在做强零售金融业务、做优公司金融业务的基础上,优化业务结构,创造中间业务新增长点。

(三)聚焦全方位普惠,在两大转型上实现新速度

全面推进大零售转型,积极借助数字化服务平台,提升综合金融服务水平。以农户生活需求为金融业务拓展切入点,构建文化礼堂、丰收驿站等场景的金融传播载体,打造"足额、便捷、便宜"的农信零售特色与品牌。通过数字化转型加速线上线下融合发展,探索网点功能定位转化,解决客户"非接触式"服务需求,提升网点差异化、智能化服务。丰富数字贷款产品,加强完善和推广数据驱动、场景驱动模式的互联网贷款业务。进一步丰富浙里贷产品授信维度,更好满足不同客群的金融需求。深化社区生态,继续加强未来社区项目的支持,为未来社区建设提供全方位的综合金融服务。

(四)聚焦提质增效,在精细管理上实现新突破

紧紧围绕"中国共产党成立100周年",全面开展党史学习教育,不断提高党员干部的政治判断力、政治领悟力、政治执行力,引导党员干部思想"再充电"、精神"再补钙"、工作"再加油"。持续深化"党建+金融"服务模式,将金融创新与"强党建+促发展"相结合,拓展各级党建联盟成果,整合党建联盟资源,推动各项业务合作走深走实。健全全面风险管理体系,加强政策研究,充分把握风险防范工作的重点和红线,增强主动性和前瞻性,做好风险预期管理。加强疫情防控常态化形势下的风险管理工作,提前预判,精准应对。进一步提高风控智能化、科技化水平,推动风控技术在信用风险管理、反洗

钱、行为管理、内控合规等多领域多环节的应用。加强大额贷款风险防控,优化大额贷款授信评估和贷后常规化检查机制,不断提高大额贷款管理水平;围绕合规操作,突出远程监控、飞行检查、审计监督和监察追责。深化反洗钱和账户管理工作,推进案防工作常态化。

2020年杭州市小贷业发展报告

杭州市地方金融监管局

一、小贷公司发展情况

（一）基本情况

截至2020年底,全市共有小贷公司55家,除钱塘新区外,各区、县(市)均设立了2家以上小贷公司,注册资本总额为92.87亿元,净资产总额为109.08亿元,较上年年末下降了5.44%。除上城文广、西湖浙农、浙江林业、浙江文创、浙江兴合、浙江农发小贷公司为国有主发起外,其余均为民营资本主发起设立。

（二）经营与管理情况

2020年全市小贷公司受疫情及外部环境影响,经营情况略有下滑,但总体运行平稳。主要表现在:

1.贷款规模下滑

至2020年12月底,全市小贷公司贷款余额为108.81亿元、1.16万笔,其中发放小额贷款余额为38.54亿元、1万笔,占比分别为35.42%、86.16%(见图1)。

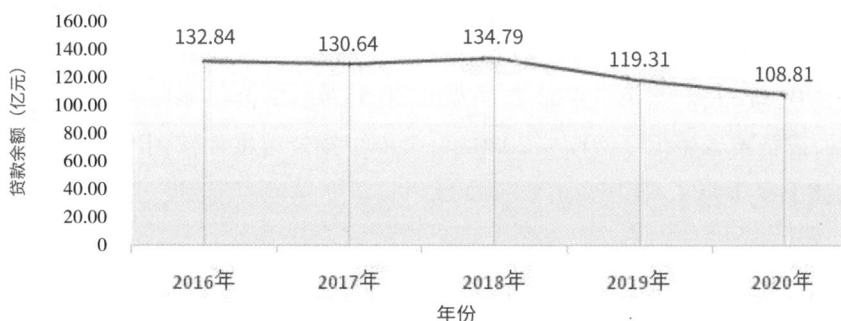

图1 杭州市近5年小贷公司年末贷款余额情况（单位：亿元）

2020年1—12月，全市小贷公司累计发放贷款196.35亿元、2.574万笔，其中累计发放小额贷款61.75亿元、2.248万笔，占比分别为31.45%、87.34%。

2.对外融资略有上升

至2020年12月底，全市有8家小贷公司向银行进行了融资，融资余额为5.38亿元，占净资产总额的5.79%，较上年年底上升了1.01%；还有8家小贷公司向股东拆借了3.52亿元。对外融资额共计8.9亿元，占注册资本总额9.58%。

3.资金回报率略有回升

2020年，全市小贷公司平均年化利率主要在11.87%～14.24%波动，年末平均年化利率为13.49%（见图2），较上年下降了0.33个百分点。2020年，全市小贷公司全年实现业务总收入10.35亿元，净利润3.19亿元，全年净资产收益率为3.43%，比上年上升了1.29个百分点。

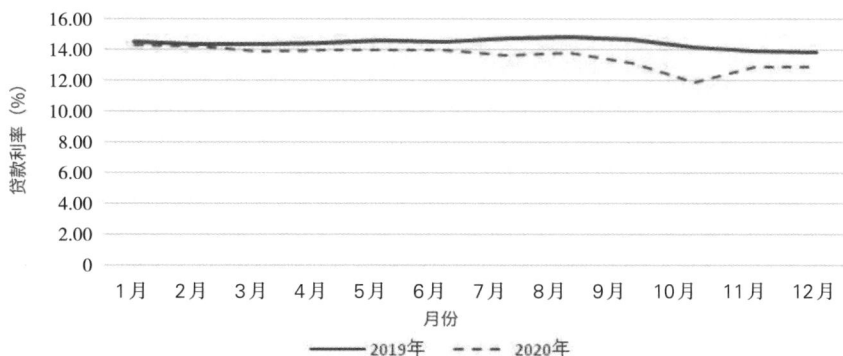

图2 杭州市近2年小贷公司贷款利率情况

4.贷款逾期率下降

2020年底,全市小贷公司逾期贷款余额为15.81亿元,逾期率为14.53%(见图3),较上年下降了4.63个百分点,但个别小贷公司平均逾期率已经超过30%,拨备覆盖率低于70%。2020年,全市小贷公司累计核销不良贷款1.92亿元,比上年下降了63.16%。

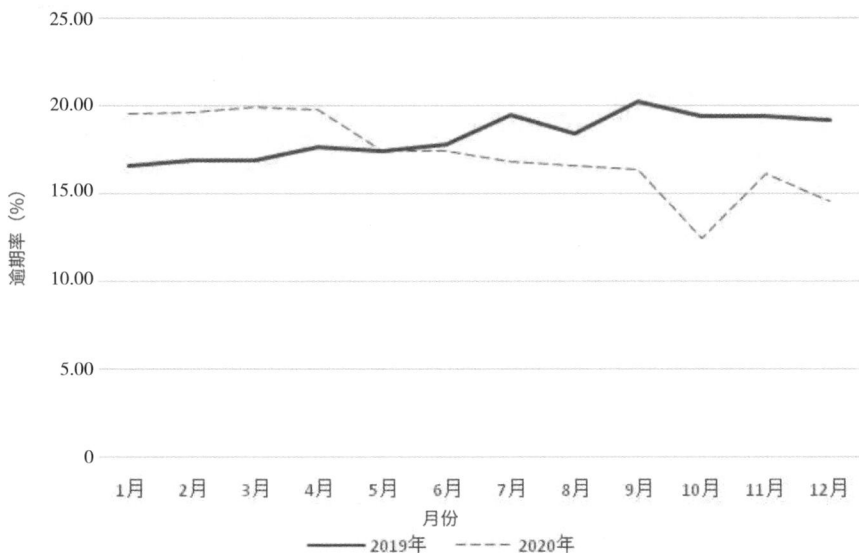

图3　杭州市近2年小贷公司逾期率情况

(三)风险情况

1.市场风险

2020年因受疫情、外部市场等因素的影响,小贷公司放贷风险高、经营压力大,存在税负较重、融资渠道不畅、司法环境不佳等不利外部环境,资产质量欠佳,逾期率高,诉讼案件也居高不下。

2.股东风险

部分小贷公司股东股权不稳定,股东对小贷公司的发展信心不足,影响了小贷公司平稳健康发展。2020年,全市小贷公司全年股东股权转让共16起,转让金额总计2.3亿元。此外,还存在个别小贷公司股权质押较多、股东及关联方借用公司资金未支付利息,给小贷公司运行带来潜在风险隐患。

3.合规风险

2020年,我市个别小贷公司存在运营情况不规范、内部制度不严格、执行不到位等问题。如个别小贷公司高管缺位或涉诉,客户资料及贷前、贷中、贷后审批材料不够齐全,个别小贷公司未按照公司内部管理制度落实好"三会一层"机制等。

二、监管与扶持情况

(一)完善监管体系

市、区(县、市)地方金融工作部门均已明确监管人员,建立AB岗监管制度,坚持非现场监管与现场检查相结合;联席会议成员单位各司其职,对小贷公司进行业务指导和管理,形成了监管合力。根据小贷公司实际情况和监管评级结果实施分类监管,对于经营稳健、符合支农支小政策导向的小贷公司鼓励创新,在经营地域、业务范围、融资渠道上给予更多发展的空间及政策支持;对高风险小贷公司,实施严格监管,限制业务范围、经营地域。

(二)督促合规经营

市、区(县、市)地方金融工作部门通过日常监管,督促小贷公司及时对发现的问题进行整改,规范经营。一是部署、组织开展了全市2019年度监管评级工作,对监管评级中发现的问题及时反馈给小贷公司,要求其限期整改。二是会同市财政局开展主城区小贷公司省风险补偿金认定工作,委托第三方机构进行专项审计,确保风险补偿的准确性。三是妥善处置信访件及审计中发现的问题,落实好属地监管责任。四是临安区、富阳区金融办针对个别小贷公司经营风险较大的实际情况,定期走访、监测相关的小贷公司,及时约谈公司高管,提示风险,责令整改等,有效做好金融风险防控。五是根据省局统一部署,下发检查排查通知,在全市范围内开展小贷公司专项检查和"租金贷"排查工作,并形成报告上报省局。

（三）委托中介机构审计调查

鉴于杭州市地方金融工作部门人手少、力量较为薄弱的现状,在组织小贷公司年度监管评级中,鼓励有条件的区、县(市)金融办委托中介机构对小贷公司进行年度监管评级专项审计,审计结果作为监管评级的重要依据。

（四）规范变更事项审批流程

市、区(县、市)地方金融工作部门按照"最多跑一次"要求,进一步梳理对外公布事项,对小贷公司申报材料加快审批流程;根据省局下发的变更事项有关工作通知要求,拟定下发了《关于规范小额贷款公司变更事项审核的通知》,规范市级审核事项、申请材料、审核程序及相关要求;对于转报省局审批事项,进一步规范了内部审核流程。2020年,全市审批变更事项20项(其中高管变更6家、股权转让8家、注册资本变更6家),转报省局1项。

（五）扶持创新发展

为扶持行业发展,市、区(县、市)地方金融工作部门积极推动小贷公司开展业务创新,开发新产品,如浙农小贷与浙商银行开展"联贷通"业务,有效拓展了小贷公司的业务渠道。浙江人才小贷作为全国首家专注为高层次人才服务的小贷公司,截至2020年12月底,累计发放贷款3.93亿元、429笔,贷款余额为1.04亿元,人才及科技企业贷款占60%以上。

三、存在困难

受外部市场等因素影响,我市小贷公司在运营中存在经营规模下降、经营风险大、税收负担重、对外融资难等问题和困难,影响了小贷公司可持续发展。

（一）竞争压力大

受当前普惠金融、扶持中小企业等政策性因素影响,银行放款相对宽松,小贷公司利率相对来说要高于金融机构的放贷利率,缺少竞争优势,又因对产品开发推广有一定的限制条件,小贷公司生存空间受到了压缩。

(二)税收负担重

小贷公司税负约占营业收入的30%,远高于农村信用合作社。营改增以来,税种由营业税的5%变更为增值税的6%,由于应收利息均要确认为收入,而银行贷款利息及咨询费的进项不能抵扣,增值税可抵扣项目较少,导致小贷公司税负不减反增。

(三)融资渠道不畅

根据《省地方金融监管局关于印发〈浙江省小额贷款公司监督管理工作指引(试行)〉的通知》精神,小贷公司以非标准化融资形式、标准化债权类资产形式可按照不超过净资产总额5倍对外融资。然而,大部分小贷公司难以从银行等渠道进行对外融资,实际对外融资比例不到10%。

(四)股东动力不足

小贷公司经营压力大、回报率低、风险高,股东对小贷公司的发展普遍信心不足,目前部分小贷公司考虑减小运营规模,增加抵押贷款比例,维持平稳运行。2020年,我市仅有1家小贷公司增资扩股,有4家小贷公司进行了减资,减资额总计3.45亿元。

四、政策建议

为缓解小贷公司发展困境,促进小贷行业健康发展,发挥行业作用,市地方金融监管局提出以下建议。

(一)明确行业定位

《浙江省地方金融条例》已明确小贷公司为地方金融组织,前期最高法在对广东省高院关于新民间借贷司法解释适用范围问题批复中,已明确小贷公司属于经金融监管部门批准设立的金融机构。建议从国家层面明确小贷公司行业定位,在税收等方面享受金融机构同等待遇。

（二）畅通融资渠道

建议积极推动小贷公司与国内大中型金融机构合作,引入金融机构成熟的风险管理平台,开展放贷合作,做到利润共享、风险共担,促进小贷公司持续健康开展贷款业务。

（三）实施分类监管

建议完善优胜劣汰制度,对经营不善、逾期率高、监管评级低的小贷公司予以平稳退出;对年度监管评级高、经营规范、盈利能力强的小贷公司予以政策优惠和支持,鼓励其进一步做大做强。

（四）引导行业进退

建议根据行业准入标准,按照市场化原则,同意新设股东实力雄厚、有放贷场景、信贷技术先进的小贷公司,以补充行业新鲜血液。同时,进一步完善退出机制,制定退出办法,清理"失联""空壳"小贷公司,对经营不善、出现重大风险、难以继续经营的小贷公司采取清退措施。

2020年杭州市典当业发展报告

杭州市地方金融监管局

2020年,我局认真贯彻落实国家、省、市有关文件精神,强化监管职能,以监管促发展,积极引导典当行有序经营。全年全市典当业总体运行平稳,积极发挥"短期、小额、方便、快捷"的优势,为中小微企业提供融资便利。

一、基本情况

目前,全市共有85家典当行、5家分支机构。根据全国典当行监督管理信息系统数据,至2020年底,我市典当行共计注册资本42.39亿元,典当余额38.87亿元;2020年全市典当行累计发生典当业务44014笔,发放贷款171.13亿元,平均单笔业务发放贷款不到40万元,充分体现小额特点。

从同比数据来看,我市典当行家数略有下降(由86家减至85家,不含分支机构),但总体实力有所增强,符合"减量增质"的监管趋势。主要表现为:一是资本金实力有提高,2020年我市共有8家典当行完成增资,全市典当行注册资本比去年增加8.38亿元,单家典当行平均注册资本接近5000万元,同比增加1032万元。二是业务规模有增长,全市典当行2020年累计典当总额与年末典当余额分别同比增长24.7%、19.15%,呈现较好增长态势。三是盈利能力有提升,2020年全市典当行共实现税后净利润1.18亿元,同比增长83.65%。

从业务结构来看,我市典当业务集中于房地产抵押与财产权利质押贷款,珠宝、字画等民品业务持续萎缩,其中房地产抵押业务涉及金额占全年典当累放金额的45.55%,财产权利质押业务占40.73%,动产质押业务仅占13.72%。

二、存在问题

近年来,我市典当业总体运营平稳,未发现重大风险隐患,但发展过程中依然存在不少问题与困境。主要表现在以下方面。

(一)典当行整体盈利水平不佳

根据全国典当行监督管理信息系统数据,2020年全市典当行共计实收资本 42.39 亿元,但税后利润仅有 1.18 亿元,近一半的典当行全年税后利润为负,部分典当行出现较长时间未开展业务的情况。

(二)典当行内部管理不够规范

典当行普遍缺乏专业人才,风控能力不足,导致在宏观经济转型压力下,我市典当行整体逾期贷款率普遍偏高。

(三)典当行业务创新能力不足

典当行总体资产规模偏小,业务创新能力不足,全市大部分典当行注册资本小,业务规模不大,且经营品种主要以房地产抵押业务、财产权利质押为主,民品业务萎缩严重,也使得超比例违规经营现象普遍,偏离典当本源。

三、已开展的各项工作

为顺利做好典当行的管理工作,一年来我局根据省局相关要求,指导区、县(市)金融办认真开展各类监管工作。

(一)严格把关,做好全市典当行变更审批或初审转报工作

2020年,我局严格按照相关文件精神及省局要求,对典当行变更材料层层把关,审慎决定。全年共完成40件典当行变更事项的审批或初审转报工作,其中11件因涉及增资(变更后注册资本300万元以上)、跨市变更住所等事项,根据分级审批权限转报省局批复。

（二）积极部署，做好典当行年审相关工作

一是根据省局复评结果，做好2018年度典当行年审后续的整改、核实、换发新证以及注销清退工作。二是根据银保监会及省局相关要求，做好全市典当行2019年度年审工作。经省局复评，我市参加2019年度年审的30家典当行中通过18家、整改12家，目前已部署各区、县（市）金融办严格按照省局要求，做好年审后续相关的整改核实工作。

（三）结合年审，开展典当行现场专项检查工作

2020年我局结合典当行年审，同步委托中介机构开展现场专项检查工作，在30家参加年审的典当行中抽取16家典当行进行现场专项检查，主要对典当行提交的年审材料进行现场复核，并重点检查典当行合规经营情况。

（四）加强交流，开展调研走访工作

为更好地做好监管与服务工作，我局积极开展实地调研工作。一年来走访了西子典当、轻工联典当、必达典当等多家典当公司，了解企业经营中遇到的困难、探讨典当行业发展思路。

（五）集思广益，做好典当工作指引征求意见稿反馈工作

为推进典当行监管工作指引（实施办法）的出台，我局认真研究省局下发的相关征求意见稿，并广泛征求区、县（市）监管部门及行业意见，积极做好意见反馈工作。2020年，正式行文反馈2次，共提出意见25条。

四、下一步工作思路及相关建议

2021年，我局将坚持强监管、重服务、防风险的工作思路，依据省局出台的工作指引及相关文件要求，完善审批制度，丰富监管手段，切实履行监管职责。

为更好地做好典当行监管工作，促进行业健康有序发展，提出以下几点建议：一是建议省局加强对我市及各区、县（市）金融办的业务及法规培训，提

升监管人员业务水平。二是建议省局加强与有关部门沟通,尽快对我局全面开放全国典当监管信息系统登录权限,帮助提高日常监管及非现场监管工作能力。三是建议省局加快出台典当行监管实施办法及操作细则,以适应当前的监管制度与市场环境,为监管提供政策依据,为行业发展提供政策保障。

2020年杭州市融资担保业发展报告

杭州市地方金融监管局

2020年,杭州市严格按照国家和省有关文件政策精神,以落实《融资担保公司监督管理条例》和省相关规章制度为主线,紧紧围绕部署的目标任务,突出行业监管、扶持发展、体系建设、疫情减免等工作。全市融资担保行业整体环境进一步改善,担保业务稳中有进,政府性担保机构业务持续提升,在服务小微和"三农"工作中初步形成部分政府性担保机构为龙头引导,政府与民营相互补充、相互促进、融合发展的格局。

一、全市融资担保行业基本情况

(一)担保行业机构情况

2020年年底,"浙江省融资性担保行业监管信息系统"在册的杭州市融资担保机构共有118家(含2家分支机构),其中国有控股为20家,在册登记从业人数1913人,注册资本金合计187.07亿元。2020年,我市新设1家融资担保公司分支机构(浙江省融资担保有限公司人才科创担保分公司),另根据2019年、2020年集中换证、整改工作情况,拟取消17家融资担保机构经营资格,目前全市融资担保机构实际共102家。我市前期列入政策性融资担保机构17家,经认定列入第一批政府性融资担保机构名单为10家。

(二)担保行业业务情况

根据监管系统显示,杭州市融资担保机构年末担保余额合计585.41亿元,担保户数99087户,担保余额与去年相比略有下降,其中小微企业和"三农"期末担保余额为145.98亿元。17家政策性融资担保机构为小微企业和

"三农"期末担保余额45.37亿元,与去年相比增长57%;10家政府性担保机构为小微企业和"三农"期末担保余额41.17亿元,超额完成省下达的年度目标任务。

(三)担保行业风险指标情况

根据监管系统显示,截至2020年底,全市融资性担保机构流动性资产258.69亿元,净资产218.08亿元,担保业务放大倍数2.68倍,融资性担保业务放大倍数2.44倍,与去年相比略有下降。累计代偿金额108.6亿元,与年初相比增加23.4%。

(四)担保行业分类情况

根据监管系统显示,至2020年12月,从事小微企业和"三农"担保业务的机构有79家,车贷担保业务有33家,个人消费贷业务有6家。2020年,34家融资担保机构年度新增业务为零,其中从事小微企业和"三农"业务有25家,车贷、消费贷等业务有8家。

二、存在的主要问题

(一)银担合作处于劣势

银行作为社会融资体系的主要组成部分,目前对担保行业特别是民营担保机构的认同感不够,部分银行对民营和政府性融资担保机构区别对待,加大了民营融资担保机构的经营难度,民营融资担保机构面临着银行随时中断合作的风险。

(二)服务小微和"三农"的担保机构持续减少

全市新增业务为零的担保公司逐年增加,主要集中在从事小微企业和"三农"业务为主的民营融资担保机构。主要原因为服务小微企业和"三农"的单笔代偿较高,部分担保机构内部风控能力弱,风险性大,导致部分担保机构转型车贷、消费贷或其他非融资担保业务。

（三）担保公司合规意识不强

在日常监管和整改、审计工作中,我局发现本市部分担保机构合规意识不强、经营不够规范,如存在关联方资金挂账、准备金未按规定足额计提、资产比例不符合监管要求、办公地址与注册地址不一致、变更信息在监管系统备案更新不及时等情况。

三、已开展的各项工作

（一）开展各类日常监管工作

一是开展融资担保行业整改规范工作,本市于2020年4月和8月分两次向各区、县(市)转发文件、布置工作要求,组织做好全市融资担保机构规范检查整改工作。二是做好从事车贷担保业务非持牌机构摸底排查工作,共核查69家非持牌机构,其中57家提交材料,涉及机构注册资本25亿元人民币和10亿美元(2家外资),存量车贷担保业务总额为354.80亿元。三是做好融资担保机构备案初审转报工作,经初审转报省局57件。四是开展审计调查工作,委托第三方会计师事务所对10家融资担保机构开展抽查审计。

（二）做好风险防范工作

截至2020年底,处理各类担保行业信访投诉件共69件,其中,信访件35件、信息公开11件、其他电话信函等投诉23件。对部分担保机构涉及的信访投诉、出险和风险提示等工作,我局及时下发风险排查函至区、县(市)主管部门,督促落实,赴相关区、县(市)金融办现场督察、约谈高管,及时了解处置情况。同时,我局积极督促区、县(市)做好取消经营资格的机构后续平稳清退工作。

（三）引导担保行业服务小微企业和"三农"发展

一是出台《杭州市政策性融资担保业务风险补偿管理办法》,以引导我市融资担保机构进一步拓展小微和"三农"业务。7月底,完成了首次风险补偿兑现工作,市和区、县(市)两级补助资金共计3000万元左右。二是落实疫情期间免收担保费工作。针对新冠肺炎疫情,我局积极组织融资担保机构开展担保费减免工作,于7月底完成了免收担保费政策兑现工作。至2020年底,全市融资担保机构共减免担保费用2634.03万元,涉及企业3000余家,涉及担保额度近67.6亿元。三是完成国家中小企业发展专项资金(融资担保降费奖补部分)复核工作。根据省局文件精神及下发的数据,对小微企业融资担保业务数据进行了梳理,并发至各区、县(市)认真审核,经我局委托第三方终审,向市财政局提出了分配意见。

(四)进一步健全政策性融资担保体系建设

一是调整领导小组成员名单。2020年7月,我市对全市政策性融资担保体系建设工作领导小组组成人员进行了调整,并将领导小组办公室由市经信局改设在我局。二是分解下达年度目标任务。我市结合各区、县(市)2019年业务情况,对省工作目标进一步进行了分解,向各区、县(市)政府和市本级担保机构下达2020年全市政策性融资担保机构业务和降费目标任务,计划全市完成政策性融资担保业务45亿元、降费目标1500万元。至2020年底,政策性融资担保业务和降费目标均超额完成。三是推动发挥市本级机构引领作用。鼓励杭州高科技担保有限公司继续创新金融服务,做大小微业务;协调杭州供销农信融资担保有限公司增加注册资本金,扩大业务能力;推动杭州市融资担保有限公司开展小微业务,扩大业务经营范围。四是开展违规收取客户保证金清退工作,共清退保证金3077.62万元。五是督促相关地区组建政府性担保机构。目前,桐庐县、西湖区新设政府性融资担保公司的申请已经省局审批通过;建德市政府已形成组建方案,明确在原浙江电联融资担保有限公司的基础上,政府控股51%组建政府性担保机构。

四、下一步工作思路

(一)加强事中事后监管

目前,全市还有部分融资担保机构未通过规范整改审查,对部分需要整改的机构,坚决要求整改到位。同时,进一步完善现场走访工作机制,待全市整改到位后,通过市和区(县、市)联动,争取年内对融资担保机构实行全覆盖现场走访,根据市和区(县、市)主管部门现场走访情况,抽取部分融资担保机构进行年度专项审计,促进行业规范发展。

(二)加大规范宣传引导

积极落实《融资担保公司监督管理条例》及四个配套文件、《浙江省地方金融条例》等规范性文件,加强行业自律,引导融资担保机构正确认识和规范遵守规章制度,自觉在政策允许范围内规范经营。

(三)积极稳妥处置风险

及时处理好担保机构经营过程中引发的各类矛盾和问题,督促区(县、市)做好风险防范和处置相关工作。压实企业主体责任,督促担保机构规范业务流程、减低费率、完善业务模式。

(四)完善政策性融资担保体系建设

加快推动政府性融资担保机构一体化建设,以杭州市融资担保有限公司为主体,组建杭州市融资担保集团,联动市、区(县、市)两级政府性融资担保机构发展。引导政府性融资担保机构坚持扶持小微企业和"三农"发展、低费率的政策性定位,缓解小微企业和"三农"融资难问题,降低融资成本。

2020年杭州市融资租赁业发展报告

杭州市地方金融监管局

根据中国银保监会《融资租赁公司监督管理暂行办法》(银保监发〔2020〕22号)及《浙江省地方金融监督管理局关于做好融资租赁公司信息报送工作的通知》(浙金管〔2020〕10号)的要求,我局从2020年3月开始建立融资租赁公司一企一档资料库,并向省局报送融资租赁公司数据信息。

一、融资租赁公司运营情况

(一) 基本情况

截至2020年底,杭州市共有融资租赁公司254家,其中251家列在省局下发的公司名单中,3家为新增公司。254家公司中,建立一企一档的为160家(见表1)。160家融资租赁公司注册资本总额为57.52亿元,实收资本总额44.85亿元,主要集中在上城、拱墅和萧山三个区,共81家,占比为50.6%。160家公司中,内资为14家,内外合资为86家,外资为60家;社保缴纳在11人以上的为26家,1~9人的为51家,0人的为83家。

表1 全市融资租赁公司分布情况表

序号	区、县(市)	数量(家)	序号	区、县(市)	数量(家)
1	上城区	21	7	钱塘新区	15
2	下城区	9	8	余杭区	6
3	西湖区	12	9	萧山区	39
4	拱墅区	21	10	富阳区	2
5	江干区	12	11	淳安县	15
6	滨江区	7	12	建德市	1

注:共计160家,临安区和桐庐县无融资租赁公司。

（二）经营与管理情况

截至2020年底，160家融资租赁公司中，正常经营的为112家，资产总额为448.06亿元，其中29家融资租赁公司资产总额达439.49亿元，占比为98.09%；还有48家未开展业务。目前融资租赁公司主要开展汽车租赁、设备租赁、租赁交易咨询等业务。

（三）风险情况

目前本市融资租赁公司总体运营平稳，暂未发现重大风险情况，但受国际外部环境及疫情影响，经营情况略有下滑，收益有所下降，各种潜在风险仍然存在。2020年，共收到及处理信访件15件，信访内容主要集中在汽车租赁方面的问题。目前虽然都已妥善解决，但潜在问题仍存在，还需深入做好汽车租赁规范性工作。

二、已开展的工作

（一）开展信息报送工作

区（县、市）金融办均已明确融资租赁公司监管工作负责人，按月报送融资租赁公司信息，建立了企业档案，企业的股权结构、经营范围、职工人数、税收情况等基本情况已经入档。及时对信息数据进行分析，定期更新档案。

（二）加强服务指导工作

一年以来，面临疫情的特殊情况，各区、县（市）金融办发挥"三服务"机制，积极走访调研，切实排忧纾困。如西湖区金融办完善融资租赁公司沟通联系机制，通过建立"微信群"等方式，及时了解企业实际问题，2020年累计走访企业67次，解决问题11件，排查督查整改事项6个；还通过"云上西湖"金融服务峰会，指导融资租赁公司组成地方金融组织服务组，搭建融资租赁公司和企业的沟通桥梁，做好疫情期间的金融服务保障工作。下城区金融办通过现场走访、组织融资租赁公司参加《浙江省地方金融条例》等政策法规宣讲活动,切实提升企业对监管政策知晓率;利用"下城金融联盟",线上邀请多家融资租赁公司加盟,进一步扩大了联盟金融服务覆盖面,促进金融服务提质增效。

(三) 做好风险防范工作

我局根据《浙江省地方金融条例》要求,落实属地风险处置责任,督促区、县(市)金融办根据信访情况,妥善处置信访件,做到了风险有预警、防范能及时、处置有成效。

三、存在问题

(一) 监管体系不够健全

省局虽下发融资租赁公司的监管指引,但监管工作还未跟上,目前只是处于表格信息采集报送阶段,涉及公司变更相关事项的操作规程还未出台,对融资租赁公司的了解只停留在表面数据,公司经营行为是否合规难以把握,对公司运营的有效监管力量不足,还不能做到现场检查与非现场监管有机结合。

(二) 风险预警缺少手段

现有月度报表对于企业的杠杆率、业务集中度、不良率、风险预警机制等信息覆盖较少,在日常管理中难以掌握融资租赁公司运营中的实际风险;再加上监管人员对融资租赁行业的经营模式掌握不够,专业知识与监管要求存在较大差距,无法有效地根据企业报送的数据判断风险。

(三) 行业不够规范

我市融资租赁企业大多注册资金少,经营规模较小,风控能力弱,发展不平衡,存在着注册地与经营地不一致、随意变更公司名称、上报月报不稳定等问题。目前我市55.9%的融资租赁公司长期未开展业务,36.6%的融资租赁公司长期处于"失联"或"空壳"状态。

四、工作建议

我局将根据省局下发的融资租赁公司监管指引要求,落实好相关工作。为促进融资租赁行业健康持续发展,提出以下几点建议:一是建议省局及时出台融资租赁变更事项的操作规范,为变更事项提供操作依据。二是建议加强对我市及各区、县(市)金融办的业务及法规培训,提升监管人员业务知识水平。三是建议对融资租赁公司再次开展深入排摸,建立分级分类管理,将不符合监管要求的融资租赁公司列入取消或退出名单,并加大对"空壳"或"失联"企业的清理力度。

2020年杭州市股权投资发展报告

杭州市地方金融监管局

一、2020年杭州市股权投资环境简析

2020年2月14日,证监会发布《关于修改〈上市公司证券发行管理办法〉的决定》《关于修改〈创业板上市公司证券发行管理暂行办法〉的决定》《关于修改〈上市公司非公开发行股票实施细则〉的决定》等一系列再融资规则,通过精简发行条件、优化非公开制度安排、适当延长批文有效期,增加私募基金的投资机会、定价选择和盈利空间。2020年3月6日,证监会出台《上市公司创业投资基金股东减持股份的特别规定》,旨在解决创投基金的募资难、退出难问题。2020年4月27日,中央全面深化改革委员会第十三次会议审议通过《创业板改革并试点注册制总体实施方案》,在深化资本市场改革、完善资本市场基础制度的基础上,增加了私募股权投资机构的退出渠道。2020年11月12日,银保监会发布《关于保险资金财务性股权投资有关事项的通知》,目的在于规范保险资金直接投资未上市企业股权行为,并加强保险资金对各类企业的股权融资支持力度。2020年12月30日,证监会发布《关于加强私募投资基金监管的若干规定》,进一步加强私募基金行业监管,严控私募基金增量风险,稳妥化解存量风险,提升行业规范发展水平,保护投资者及相关当事人合法权益。一系列利好政策的组合出台,不仅体现了政府对中国股权市场募资难、退出难这一困境的重视,也表现了监管层希望提升直接融资的决心,将进一步鼓励长期投资和价值投资。

近年来,杭州市围绕打造"全国数字经济第一城"的目标,以"最多跑一次"改革为抓手,深入推进"放管服"改革,全力打造便利化、数字化、市场化、法治化、国际化的营商环境,营造最优生态,促进民营企业潜力与活力的不断

释放。2020年11月1日,全国工商联发布《2020年万家民营企业评营商环境报告》,杭州在要素资源保障、市场环境及创新环境优化等方面受到民营企业的高度认可,在营商环境城市排名中获全国第一,成为"营商环境最佳口碑城市"。为了响应国家政策,支持股权投资市场发展并进一步推动实体经济高质量发展,2020年杭州市出台了相关政策。12月22日,出台《杭州市人民政府关于完善科技体制机制健全科技服务体系的若干意见》,明确政府引导基金支持下设立符合我市产业导向的孵化基金、加快构建"众创空间＋孵化器＋孵化园"的全域孵化新体系,在市创业投资(天使)引导基金中增设人工智能子基金、引导社会资本加大对高能创新产业等的支持力度等方面完善创新服务体系提供有力制度保障。10月19日,杭州市拱墅区人民政府印发《拱墅区转型升级产业基金管理办法》,明确采取"1＋3"的管理运作模式,通过与社会资本、金融资本等合作,共同发起设立多种形式的子基金,充分发挥产业基金的放大效应和导向作用。11月12日,杭州市钱塘新区管理委员会发布《杭州钱塘新区主导产业发展基金管理办法》,支持发挥政府性资金的作用,引导全球先进技术、顶尖人才、优质项目资源集聚钱塘新区。

杭州市将政府有作为的支持引导与市场灵活的配置机制相结合,充分发挥财政资金的引导和放大作用,促进各区域形成有效联动,为经济发展和产业集聚注入活力,促进杭州市股权投资行业的高质量发展。

二、2020年杭州市股权投资市场发展概况

根据中国证券投资基金业协会数据,截至2020年底,杭州市在中国证券投资基金业协会完成登记的备案私募基金管理人有1548家,备案基金有6209支,管理资产规模为6631.4亿元,分别占全省的53.1%、53.7%和46.8%。根据私募通数据,截至2020年12月31日,共有909[①]家注册于杭州市的私募基金管理人在基金业协会登记;其中披露管理资本量的机构有160家,披露的管理资本量达2347.68亿元人民币。

根据私募通数据(下同),募资方面,2020年上级机构总部为杭州市的投

---

① 包含私募股权、创业投资基金管理人、私募资产配置类管理人、证券公司私募基金子公司,不含私募证券投资基金管理人、其他私募投资基金管理人。

资机构共新募集基金183支;其中披露金额的有183支,披露的募集资金为292.22亿元人民币。从募集基金支数来看,杭州市的投资机构募资排名全国第四。

投资方面,2020年上级机构总部为杭州市的投资机构共投资554笔;其中披露金额的有461笔,涉及投资金额226.09亿元人民币。从投资案例数来看,杭州市的投资机构投资排名全国第四。杭州市投资机构投资案例数最多的行业为IT行业,投资案例数最集中的投资轮次为A轮。从资金投向看,投资于杭州市企业的投资案例数量为196笔,其中披露金额的157笔,涉及投资金额62.11亿元。

退出方面,2020年杭州市股权投资市场发生退出案例数量125笔。从退出案例数来看,杭州市股权投资市场退出案例排名全国第六,退出渠道有待进一步拓宽。被投企业股权转让和IPO数量分别为49笔和47笔,此两种退出方式为杭州市企业热门的退出方式。

企业获得融资方面,2020年杭州市企业获得融资案例数555起;其中披露金额的有480起,涉及融资金额401.68亿元人民币。杭州市企业获得融资案例数最多的行业为IT行业,获得融资金额最大的行业为互联网行业,融资案例数最集中的投资轮次为A轮,融资规模最大的投资轮次为B轮。

(一)2020年杭州市早期投资发展概况

根据私募通数据,截至2020年12月31日,全国共有登记早期投资机构(包含私募股权、创业投资基金管理人、私募资产配置类管理人、证券公司私募基金子公司)244家;其中,注册地为杭州市的共17家,占比6.97%。全国早期投资机构披露管理资本量111家;其中杭州市披露管理资本量金额的早期机构9家。全国早期投资机构披露管理资本量1551.45亿元;其中杭州市早期机构披露金额的机构共9家,披露的管理资本量为105亿元人民币,占比6.77%。

2020年杭州市早期投资机构新募基金4支;其中披露金额的新募基金数为4支,披露的募资金额为2.47亿元。杭州市新募基金数排名全国第四。

2020年杭州市早期投资机构合计投资74笔(即杭州市机构投资全国各地区企业),排名全国第四;其中披露金额的投资案例数有63笔,披露投资金额为5.34亿元。杭州市早期投资机构投资杭州市企业的投资案例数有36笔,涉及投资金额为2.09亿元。

2020年早期投资机构所投资的杭州市企业实现退出22笔,排名全国第三;其中股权转让退出16笔,IPO退出、并购退出以及回购退出各2笔。股权转让是早期机构投资的杭州市企业退出的最主要方式。

2020年杭州市企业合计获得早期投资机构投资114起(即全国各地区机构投资杭州地区企业),排名全国第四;其中披露投资金额的投资案例103起。从披露的投资金额来看,杭州市企业合计获得早期投资10.48亿元人民币,排名全国第四。

(二)2020年杭州市创业投资(VC)发展概况

截至2020年12月31日,全国共有登记创业投资机构(包含私募股权、创业投资基金管理人、私募资产配置类管理人、证券公司私募基金子公司)2549家;其中,杭州市共有创业投资机构150家,占比5.88%;全国披露管理资本量金额的创业投资机构979家,其中杭州市披露管理资本量金额的创业投资机构52家;全国创业投资机构披露管理资本量20744.70亿元,杭州市创业投资机构披露的管理资本量1359.89亿元人民币,占比6.56%。

根据私募通数据,杭州市创业投资(VC)机构新募基金数量为55支;其中披露金额的新募资基金数55支,披露的募资金额为106.96亿元人民币,均排名全国第四。就募集币种来看,2020年杭州市创业投资(VC)机构55支募资基金中有1支为美元基金,募资金额折合人民币为31.54亿元人民币。

2020年杭州市创业投资(VC)机构合计发生投资237笔(即杭州地区机构投资全国各地区企业);其中披露金额的投资案例数213笔,排名全国第五。杭州市创业投资(VC)机构投资杭州市企业的投资案例数81笔,涉及投资金额30.06亿元。杭州市创业投资(VC)机构投资杭州市企业的投资金额占比达到44.84%,本地化投资情况较好。

2020年创业投资(VC)机构投资的杭州市企业发生退出案例49笔;其中IPO和股权转让为主要退出方式,退出笔数分别为17笔和16笔,分别占比34.69%和32.65%。

2020年杭州市企业获创业投资(VC)机构投资案例数241起(即全国各地

区机构投资杭州地区企业);其中披露金额的投资案例217起。从披露的投资金额来看,2020年杭州市企业获创业投资(VC)机构的投资金额为140.82亿元,较去年同期增长35.18%,投资金额增长较快。

(三)2020年杭州市私募股权投资(PE)发展概况

根据私募通数据,截至2020年12月31日,全国共有备案私募股权投资机构(包含私募股权、创业投资基金管理人、私募资产配置类管理人、证券公司私募基金子公司)12246家;其中,杭州市共有私募股权投资机构742家,占比6.06%;全国私募股权投资机构披露管理资本量的有2228家,其中杭州市披露管理资本量金额的有99家;全国私募股权投资机构披露的管理资本量为54113.21亿元,其中杭州市披露的管理资本量为882.79亿元人民币,占比1.63%。

2020年杭州市私募股权投资(PE)机构新募基金数量124支,披露的募资金额为182.79亿元人民币。

2020年杭州市私募股权投资(PE)机构合计发生投资案例243笔(即杭州地区机构投资全国各地区企业),排名全国第五。杭州市私募股权投资(PE)机构投资杭州企业的投资案例数79笔,涉及投资金额29.96亿元。

2020年私募股权投资(PE)机构投资的杭州市企业发生退出案例54笔,排名全国第六;其中IPO方式退出案例有28笔,占比51.85%。

2020年杭州市企业获私募股权投资(PE)机构投资案例数合计200起(即全国各地区机构投资杭州地区企业),排名全国第四。从披露的投资金额来看,杭州市以250.38亿元人民币排名全国第五。

2020年杭州市创投引导基金工作报告

杭州市发改委

在市委市政府和市创业投资引导基金管委会的正确领导下,在市财政局、科技局等部门的配合支持下,杭州市创业投资引导基金(以下简称"市创投引导基金")积极探索政府投资基金运作的新机制、新模式,引导社会资本投向我市战略性新兴产业,有效推动了我市创业创新和经济高质量发展。

一、总体情况

2020年度,市创投引导基金完成新合作基金13支,批复规模56亿元,比上年度翻了一番。截至2020年底,市创投引导基金累计批复子基金84支,批复规模162.88亿元,其中引导基金出资28.09亿元,财政资金通过引导基金放大了5.8倍。市创投引导基金累计投资企业632家次,投资金额75.53亿元,其中杭州企业392家次,累计投资金额47.12亿元,占总投资额的62.39%。杭州企业中有初创期企业280家,累计投资金额29.31亿元,占杭州企业投资金额的62.20%。参股子基金所投企业中,当年有5家企业成功上市,累计有39家企业成功上市(并购上市),另有3家企业已过会。

2020年度,市创投引导基金受到业内充分认可,获得投中"2020年中国最受GP关注的政府引导基金TOP20"、清科"2020年中国政府引导基金30强"和CLPA"2019—2020年度创投引导基金10强"等15项荣誉。

二、主要成效特点

(一)投身抗疫一线,展现创投担当

在新冠肺炎疫情发生后,第一时间与投资机构沟通,了解合作机构和参

股基金所投项目的复工复产情况,并及时梳理出一批能为疫情防控提供帮助的公司,鼓励支持合作机构及其所投项目积极参与到抗疫斗争中。一批创投企业活跃在快速诊断试剂、在线诊疗、网络教学、红外测温、电子商务等领域。在"2020中国股权投资行业开年大会"中,市创投引导基金合作的创东方投资、德同资本、华睿投资、华映资本、同创伟业、浙商创投等多家投资机构获评"中国股权投资机构抗击新冠肺炎先进集体",浙商创投董事长陈越孟和华睿投资董事长宗佩民也因其突出贡献被评为"中国股权投资行业抗击新冠肺炎十大标兵个人"。

(二)响应一号工程,营造良好生态

市创投引导基金积极响应市委市政府推动数字经济一号工程、建设国家新一代人工智能创新发展试验区、推进生物医药产业创新发展等号召,牢牢把握高质量发展的主线,引导支持相关领域专项基金与专业化机构、CVC基金多模式合作,加快数字经济、人工智能、生物医药等产业培育。2020年市创投引导基金参股合作子基金中,有7个投资人工智能、集成电路等领域的专项基金,总规模为31.29亿元,引导基金出资2.8亿元。如合作基金中,远瞻资本等专注于人工智能方向的专业投资,积极探索产业基金合作模式,拟与海康威视、矽力杰等产业公司合作设立CVC基金,致力于打通人工智能领域投资生态链,进一步完善了市创投引导基金合作网络中的产业环节。

(三)聚焦创业创新,助推创新驱动

与市科技局一起,承办了第四届万物生长大会,发布了杭州独角兽企业和一亿美金以上公司(准独角兽)两份重量级榜单,评选出了2019年度创业人物、新锐创业之星、投资人物、新锐投资之星和创业服务机构等奖项,为疫情冲击下的杭州创投行业燃起一把热火。围绕我市重点产业,在重大创新项目需求和突破"卡脖子"技术难点堵点等方面发挥创新资本的作用, 市创投引导基金合作的容亿投资、安丰创投、泽悦资本、凯风创投、华瓯创投等多家机构帮助对接有"卡脖子"工程企业,开展联合研发和人才引进,形成企业间的良性互动。如在生物医药领域,共参股合作11只生物健康专项基金,总规模约37亿元,市创投引导基金出资5.32亿元,涌现出如恩和生物(列入《麻省理工科技评论》发布的年度"50家聪明公司"榜单)等一批优质公司。

（四）发挥创投优势，助力"凤凰行动"

市创投引导基金积极发挥创投机构专业优势和资源优势，帮助企业理清思路，在规范企业管理、整合资源、推进资本运作等多方面提供专业的管理支撑和增值服务，加快企业股改上市步伐，加速推动企业对接多层次资本市场，切实有效提升我市企业股改上市和并购重组的效率和成功率。参股子基金所投企业中，2020年度上市（过会）企业有8家，其中华旺科技、华光新材等已上市首发的5家企业成功融资40余亿元。

（五）重视合规风控，加强投后管理

按照既积极创新又坚守底线的原则，市创投引导基金健全了引导基金的绩效考评体系，修改完善《杭州市创业投资绩效评价管理办法》，强化引导基金的政策导向。针对投前、投中和投后的各个环节，拟定可操作性强的实施举措，严格规范引导基金的日常操作，不断完善各项措施加强引导基金的投后管理，顺利通过国务院组织开展的第七次大督查。

三、2021年工作思路

2021年，市创投引导基金将紧扣我市"十四五"时期的总体战略安排，围绕建设"数智杭州·宜居天堂"目标，落实杭州打造数字经济第一城、新一代人工智能创新试验区等工作部署，全力推动市创投引导基金运作再上新台阶。

（一）进一步加强与龙头机构的合作力度

围绕我市"十四五"期间科技创新和产业发展导向，加强与国内外龙头创投机构的洽谈合作，努力引进一批有实力、高质量的创投机构，增加杭州创投资本力量，依托龙头机构增强社会资本投资杭州的信心，尽可能发挥好创投引导基金的引导和杠杆作用。同时，加快本土龙头机构的培育，形成新一轮创投品牌机构和创投人才的再集聚，开创杭州"双创"事业的新局面。

（二）进一步聚焦关键领域、关键行业

聚焦"一号工程"，特别在数字经济、人工智能、生物医药等市委市政府高度关注的重点领域力求再突破；聚焦"三大科创高地"，对生命健康、新材料、"互联网＋"等三大领域，综合配套早期基金、产业基金等，予以全阶段重点支持；聚焦"卡脖子"工程，对填补国内外空白、具有显著经济预期的项目，给予重点跟踪支持。

（三）进一步营造良好的创投发展生态

以"对照国际标准打造一流营商环境"为准绳，不断形成有利于创业投资发展的良好氛围。按照"最多跑一次"改革的要求，努力为创投企业创造审批最少、流程最优、效率最高、服务最好的营商环境，对重点项目提供绿色通道。针对科技企业创新成果转化难、融资难等问题，以"创、投、贷、融"等多种手段为科技企业提供全链条的金融服务。

（四）进一步加强横向纵向合作

在市本级出资的"单打一"方式基础上，通过不断加强和国家、省（部）、区（县、市）的合作，建立市创投引导基金参与的"多合一"出资方式，形成上下联动的新格局。同时，积极拥抱长三角一体化战略，主动融入G60科创走廊，加强与长三角知名机构的合作，努力实现更广范围、更高层次的合作共赢。

（五）进一步关注风险防范

针对当前复杂的外部经济环境，切实按照《杭州市创业投资引导基金管理办法》，做好风险预警防控工作。对合作期的合作基金，逐个进行梳理，加强风险排查，对已到期未收回的合作项目加强催收，对未到期的合作项目加强跟踪。同时建立信息化平台，对合作基金及其管理人建立信用记录与业绩积累档案，通过诚信激励与失信惩戒并举，保障市创投引导基金健康平稳规范运作。

2020年杭州市上市公司并购重组报告

杭州市白沙泉并购金融研究院

2020年是浙江"凤凰行动"四年计划的收官之年,也是将"凤凰行动"从1.0版本推进到2.0版本的提升之年。作为省内资本市场发展领头羊的杭州,积极担负起责任,为实现金融强省建设目标贡献自己的一份力量。在2020年受疫情影响的这一不平凡之年中,杭州市适应新常态、转换新动能、实现新提升,积极推进企业上市与并购重组,充分发挥资本市场力量,逐步摸索出一条区域引领产业转型升级的新路径。

为全面推进杭州市营商环境建设,2020年杭州发布《2020年建设国际一流营商环境工作任务清单》,提出全面实施企业上市和并购重组"凤凰行动"计划,积极支持符合条件的民营企业扩大直接融资比例,扎实提升在杭民营企业上市、并购服务质效。

值得注意的是,杭州市、余杭区分获2020年上市竞争力TOP10领先城市和上市竞争力TOP10领先区县,杭州区县资本市场获得认可。

一、杭州市上市公司并购重组概况

(一)并购交易数量及金额表现分化

截至2020年末,杭州拥有境内外上市公司218家,仅次于北京、上海和深圳,稳居全国第四位。其中,拥有境内上市公司162家,境外上市公司56家,在全国省会城市中继续保持第一。2020年,虽受到疫情对经济和企业的影响,但杭州却迎难而上、逆势突围,全年新增上市公司28家(境内16家、境外12家),与2019年相比多增加6家上市公司。

据Wind数据库提供的数据统计,2020年杭州共有58家上市公司发起并购交易,较2019年减少2家;总计90起交易,与2019年持平;涉及101家标的公司,同比减少12家;披露交易金额的并购82起,共189.16亿元,较2019年减少超六成(见表1)。

表1 2020年杭州上市公司并购交易规模

年份	并购企业数量(家)	并购标的数量(家)	并购交易数量(起)	披露并购金额交易数量(起)	并购金额(亿元)
2020	58	101	90	82	189.16
2019	60	113	90	84	515.61
2018	67	106	100	96	379.56

资料来源:Wind数据库,白沙泉并购金融研究院。

(二)科创板并购成新兴力量,创业板并购活跃度提升

2020年,深市主板并购上市公司数量最多,共有22家,涉及37次并购;其次为沪市主板,17家上市公司披露了21次并购;紧随其后的创业板有16家上市公司涉及29次并购,有2家科创板公司披露2起并购;香港上市公司1家发起了1次并购。从交易金额看,沪市主板披露的并购交易金额最高,为108.48亿元,占比达57.35%,深市主板并购交易金额为40.15亿元,创业板并购金额为39.04亿元,创业板赶超速度加快。从并购活跃度看,创业板的并购活跃度提升明显,平均每家公司发起并购1.81次,各板块平均每家上市公司发起并购1.53次(见表2)。

表2 2020年杭州上市公司并购交易板块分布

	深市主板	沪市主板	创业板	科创板	香港	总计
并购公司数量(家)	22	17	16	2	1	58
占比(%)	37.93	29.31	27.59	3.45	1.72	100.00
并购交易数量(起)	37	21	29	2	1	90
占比(%)	41.11	23.33	32.22	2.22	1.11	100.00
并购金额(亿元)	40.15	108.48	39.04	1.40	0.08	189.16
占比(%)	21.22	57.35	20.64	0.74	0.04	100.00

资料来源:Wind数据库,白沙泉并购金融研究院。

（三）制造业仍为并购支柱行业，房地产业并购活跃

2020年，杭州市发起并购交易的上市公司涉及电力、热力、燃气及水生产和供应业，房地产业，交通运输、仓储和邮政业，批发和零售业，水利、环境和公共设施管理业，卫生和社会工作，文化、体育和娱乐业，信息传输、软件和信息技术服务业，制造业，租赁和商务服务业等十个行业。

从并购方的行业来看，发起及完成并购交易最多的为制造业，并购家数为46家，并购交易金额为64.30亿元，其中完成并购22家，涉及交易金额29.14亿元。其次分别为信息传输、软件和信息技术服务业，房地产业，分别发起了18家和10家，分别完成了8家和5家。所有行业中，除批发和零售业的并购交易100%完成外，房地产业的并购完成金额比重最高，达到74.03%；其次为制造业，比重为45.32%（见表3）。

表3　2020年杭州上市公司并购交易并购方行业分布

并购方行业	并购数（家）	占比（%）	完成数（起）	占比（%）	并购金额（亿元）	占比（%）	完成金额（亿元）	占比（%）
制造业	46	51.11	22	51.16	64.30	33.99	29.14	49.02
信息传输、软件和信息技术服务业	18	20.00	8	18.60	25.73	13.60	8.45	14.22
房地产业	10	11.11	5	11.63	13.63	7.21	10.09	16.98
电力、热力、燃气及水生产和供应业	5	5.56	2	4.65	24.13	12.76	6.24	10.50
批发和零售业	4	4.44	4	9.30	4.03	2.13	4.03	6.77
卫生和社会工作	3	3.33	2	4.65	5.97	3.15	1.50	2.52
交通运输、仓储和邮政业	1	1.11	—	—	25.00	13.22	—	—
文化、体育和娱乐业	1	1.11	—	—	25.00	13.22	—	—
租赁和商务服务业	1	1.11	—	—	1.00	0.53	—	—
水利、环境和公共设施管理业	1	1.11	—	—	0.37	0.20	—	—

资料来源：Wind数据库，白沙泉并购金融研究院。

从并购标的所在行业看,被并购公司同样集中在制造业,共涉及29家公司,占总标的公司数的32.22%,完成家数同样排在前列,共16家,占所有完成总数的37.21%。位列其次的分别为信息传输、软件和信息技术服务业,科学研究和技术服务业,分别有15家和9家标的公司,各有7家和4家完成了并购。所有行业中,卫生和社会工作,批发和零售业,居民服务、修理和其他服务业标的公司的被收购完成率均达到100%,但整体并购金额较小;其次为采矿业和房地产业,分别为94.83%和78.72%(见表4)。

表4 2020年杭州上市公司并购交易并购标的行业分布

标的方行业	标的数(家)	占比(%)	完成数(家)	占比(%)	标的金额(亿元)	占比(%)	完成金额(亿元)	占比(%)
制造业	29	32.22	16	37.21	43.07	22.77	26.12	43.94
信息传输、软件和信息技术服务业	15	16.67	7	16.28	26.66	14.09	7.43	12.50
科学研究和技术服务业	9	10.00	4	9.30	4.36	2.30	0.70	1.18
金融业	6	6.67	1	2.33	61.33	32.42	0.08	0.13
房地产业	6	6.67	4	9.30	12.22	6.46	9.62	16.18
电力、热力、燃气及水的生产和供应业	5	5.56	1	2.33	19.89	10.51	2.00	3.36
综合	5	5.56	1	2.33	6.72	3.55	1.26	2.12
水利、环境和公共设施管理业	4	4.44	—	—	2.33	1.23	—	—
卫生和社会工作	3	3.33	3	6.98	1.56	0.82	1.56	2.62
采矿业	3	3.33	2	4.65	6.58	3.48	6.24	10.50
批发和零售业	3	3.33	3	6.98	3.97	2.10	3.97	6.68
文化、体育和娱乐业	1	1.11	—	—	—	—	—	—
居民服务、修理和其他服务业	1	1.11	1	2.33	0.47	0.25	0.47	0.79

资料来源:Wind数据库,白沙泉并购金融研究院。

（四）并购标的集中在杭州地区，省外分布分散

从已公布的标的公司所属省份来看，杭州上市公司的并购重组标的全部分布在国内，可能是受到新冠疫情的影响。具体来看，主要集中在浙江省，共有11家，占总量的64.71%。

省外的收购地区分布较为分散，没有形成地区效应，主要的并购城市为徐州市、天津市、潍坊市、长沙市和东莞市等，均只有1家，其中徐州市的并购标的金额较高，为2.25亿元，占整体并购金额的15.50%（见表5）。

表5　2020年杭州上市公司并购标的区域分布

城市	标的数（家）	占比（%）	完成数（家）	占比（%）	标的金额（亿元）	占比（%）	完成金额（万元）	占比（%）
杭州市	11	64.71	6	66.67	11.29	77.75	9.55	93.26
徐州市	1	5.88	—	—	2.25	15.50	—	—
天津市	1	5.88	1	11.11	0.51	3.51	0.51	4.98
潍坊市	1	5.88	—	—	0.29	2.00	—	—
长沙市	1	5.88	1	11.11	0.18	1.24	0.18	1.76
东莞市	1	5.88	1	11.11	—	—	—	—
成都市	1	5.88	—	—	—	—	—	—

资料来源：Wind数据库，白沙泉并购金融研究院。

（五）并购标的主要为股权，获取控制权并购完成率高

2020年，杭州市上市公司的并购标的基本为股权，仅有两起并购标的中既有股权，又有设施类资产或财产份额。

从并购比例来看，股权收购完全并购难度加大，获得50%以下的并购较多，其中10%以下份额和20%～30%份额的均有11起，10%～20%份额的有10起，40%～50%份额的有12起；在取得控制权的并购中，仍以完全并购为主，共有11起。从完成度来看，以获取控制权为目的的并购完成率较高，获得50%股权份额以上的并购共发起30起，完成17起，完成率为56.67%。特别是股权份额70%～80%及80%～90%的并购，完成率均高达100%；其次为50%～60%股权份额的并购，完成率为66.67%（见表6）。

表6 2020年杭州上市公司并购交易股权份额分布

收购比例（%）	100	90~100	80~90	70~80	60~70	50~60	40~50	30~40	20~30	10~20	0~10
标的数（家）	11	4	2	2	5	6	12	6	11	10	11
完成数（家）	6	2	2	2	1	4	4	3	6	3	5

资料来源：Wind数据库，白沙泉并购金融研究院。

（六）同行及跨行并购热情不分上下，文体行业偏向跨行并购

2020年，杭州上市公司同行并购和跨行并购热度相当，同行业并购共47起，占并购总量的52%；跨行业并购共发生43起，占并购总量的48%。其中，文化、体育和娱乐业，交通运输、仓储和邮政业，租赁和商务服务业发起的均为跨行业并购。

行业内并购中，水利、环境和公共设施管理业均为同行业并购，批发和零售业，教育，电力、热力、燃气及水的生产和供应业，制造业更热衷于行业内并购，分别发生了3起、2起、3起、24起，占本行业并购总数的75%、67%、60%和52%。

二、2020年并购市场发展特点

（一）并购规模受疫情影响下滑明显，但并购热情仍在

2020年，受注册制改革及新型冠状病毒疫情影响，国内并购市场整体降温，杭州并购市场规模下降明显，从交易金额看同比减少超六成；但是从并购交易数量和并购方家数看，并购热情不减，与上年相比整体变化不大。

从并购交易发生的月份看，可以明显看到前两月的并购交易数量下滑，仅发生了5起并购交易；但是从3月起，特别是4月和5月反弹明显，并购交易回升显著，下半年杭州并购市场共发生49起并购交易，占到全年总数的近六成。

（二）并购政策层出促进并购市场发展

国内的并购与再融资监管政策从2011年至今经历了"宽松—收紧—优化宽松"的发展历程。而到2020年,受疫情和国际宏观环境的影响,国内并购政策层出,助力企业通过并购促进自身发展,这也是在2020年中并购交易数量没有大幅下滑的一个重要原因。

具体来看,2020年2月再融资新规发布后,并购重组配套融资与再融资新规衔接安排2月28日出炉,允许上市公司履行内部决策程序后,对配套融资部分做出适当调整;在疫情较为严重的时期,提出了一方面抓好疫情防控,一方面加快审核进度、提高审核效率,做到受理不停、审核不停,支持上市公司健康发展。2020年10月,国务院发布《关于进一步提高上市公司质量的意见》,吹响了新一轮推动上市公司做优做强的号角。意见中提到,促进市场化并购重组,充分发挥资本市场的并购重组主渠道作用,鼓励上市公司盘活存量、提质增效、转型发展。完善上市公司资产重组、收购和分拆上市等制度,丰富支付及融资工具,激发市场活力。

（三）国企改革助推国资上市公司成并购主力

近年来,国企改革一直备受关注。在政策指引下,一批国企集团主动推进战略性重组和专业化整合,资产证券化率不断提高,这也是国资背景的并购事件频现的重要原因之一。同时,以国资上市公司为主的并购金额较大,对并购市场的影响较深。而民企并购数量减少主要是由于前几年并购市场风起云涌,一批民营龙头企业乘势上市,目前还未上市、且有实力有业绩的龙头公司数量偏少,且倾向于选择IPO上市。

2020年,杭州市有国资背景的并购方有15家,占到并购方总数的近三成,涉及并购交易金额60.52亿元,占并购交易总额超三成,平均一起并购交易金额为3.56亿元,而杭州上市公司并购交易中平均交易金额约为2.1亿元。

（四）并购行业进一步偏向传统行业以助推其产业升级转型

2020年,从产业角度来看,更多的并购重组瞄准传统产业,而没有选择前几年处在风口的新兴产业。这一方面是由于重组上市依然沿用趋同IPO审核的要求,而面向新兴产业的科创板提供了更多样化的选择,被市场追捧的新兴产业龙头本身就不符合主板IPO要求,自然也不会走并购重组的通道,而是转向科创板或者港股市场;另一方面也是由于国家对传统行业产业升级的要求,并购市场可以为企业提供新的业绩增长点,弥补部分公司内生发展动力不足的问题。

从杭州上市公司的并购可以看到,今年有5起电力、热力、燃气及水生产和供应业的并购事件,交易金额达到24.13亿元;有1起水利、环境和公共设施管理业的并购事件,交易金额为0.37亿元;而并购标的为电力、热力、燃气及水生产和供应业的也有5起,涉及标的金额19.89亿元;水利、环境和公共设施管理业的也有4起,涉及标的金额2.33亿元。值得注意的是,并购标的处在采矿业的有3起,涉及并购交易金额6.58亿元,且有2起已经完成,完成金额达6.24亿元。

(五)境内并购成并购主旋律,跨境并购复苏尚需时日

2020年,由于疫情影响,国内企业的海外并购活动变得异常困难,尤其是在美国和欧洲等发达市场,其疫情的不确定性对并购交易影响较大;同时,为响应"双循环"和"产业升级"的国家战略,很多国有企业将注意力转向了国内市场。从杭州上市公司并购交易看,2020年没有一起并购交易的并购标的在境外。预计随着疫情的控制及各国经济活动恢复正常,跨境并购的总体水平和并购热情会有所回升,但是复苏尚需时日。

三、工作建议

(一)积极关注并购市场咨询信息,主动参与并购相关论坛

由于各行业的自身特点和所处的市场环境不同,不同行业的并购行为、并购结果均有着较大的不同。从战略角度看,不是任何企业都适合进行并购,是否进行并购需要根据公司自身的规模和所处的行业进行合理的选择。

在这样的背景下,企业要做好并购的选择,一方面需要对自身的并购实力、并购需求,目标公司的治理机构、企业文化等进行合理评估;另一方面也

需要积极主动地关注并购市场的动态、最新的政策以及市场发展情况和趋势,并主动参与到各类机构组织的并购相关论坛,包括白沙泉并购金融街区、浙江省并购联合会、白沙泉并购金融研究院和浙江大学互联网金融研究院司南研究室等发布的并购年报,举办的各类主题的并购论坛等。

(二)充分发挥中介机构及专业服务平台的作用

上市公司的并购活动是一项专业性极强的工作,与经济、法律、社会及文化等方面的知识是密不可分的。并购想要获得成功离不开投资银行、律师事务所、会计师事务所、资产评估事务所等中介机构的参与和支持。因此,在并购过程中应充分发挥中介机构的职能作用。

(三)选择有利的并购时机,强化并购后的整合工作

并购时机的选择对企业来说十分重要,并购时机选择得当往往可以达到事半功倍的效果,在适当的时候选择具有较低估值的目标公司,有助于降低并购成本、提高并购公司的绩效。同时,有利的并购时机不光要考虑经济方面的周期,还需要从政治、社会等方面加以综合分析,以把握好关键的时间点。

此外,并购交易的完成并不意味着并购工作的结束,而是并购后整合工作的开始,后续整合工作是否成功直接关系到整个并购事件的成效。上市公司在并购交易完成后必须对公司进行全方位的整合,包括组织整合、人力资源整合、公司文化整合等,一方面制定系统的整合计划并有效执行,另一方面在整合过程中以提高核心竞争力为目标,从而塑造公司统一的竞争力。

2020年杭州市金融仲裁工作报告

杭州金融仲裁院

2020年,杭州金融仲裁院在市司法局党委、杭州仲裁委员会的领导下,在各部门的支持协调下,全体工作人员齐心向前、共同努力,完成了年初制定的各项工作目标,同时也取得了良好的社会效益。

一、金融案件稳中有升

2020年初,由于受到新冠疫情的影响,包含金融案件在内的各类案件立案数大幅下降。直至3月初,各部门陆续恢复工作后,立案情况才逐步恢复正常,并缓步上升。此外,2020年仲裁委最新成立批量案件处理中心,分流解决了部分金融集团案件,因此由金融仲裁院受理审理的案件数量较往年略有下降,但总体金融案件数较去年稳中有升。

2020年,杭州金融仲裁院共办理案件515件,与上年立案734件相比,下降了29.84%;案件涉案标的额为44.05亿元,与上年涉案标的额50.78亿元相比,下降了13.25%。在传统优势领域成果得以巩固的同时,委托理财合同纠纷、证券认购纠纷、融资租赁合同纠纷、财产保险合同纠纷、保证合同纠纷等领域有了较大拓展,证券基金投资回购纠纷、证券投资基金交易纠纷等新型案件有了突破。案件类型多样化的程度较往年提高,表明金融仲裁的影响力和辐射范围不断增强,发展前景良好。

2020年办结金融案件602件,与上年办结案件数627件相比,下降了3.99%。其中结案率为116.89%,当年结案率为66.99%,裁决率为57.48%,调解率为10.47%,撤案率为32.05%,快速结案率为36.05%。其中共有20起案件,因案情复杂、矛盾争议突出等原因进行了专家论证会。2020年办理的案件中,没有被市中级人民法院撤销、不予执行案件,取得了较好的社会效果。

二、金融仲裁面临的机遇与挑战

纵观2020年的金融案件办理情况,可见因前两年P2P爆雷引起的金融案件爆发式增长具有偶发性。P2P作为一种民间小额融资平台,纳入政府强有力的管控后,大量隐藏的金融集资类案件得到有效遏制,促进了金融秩序的有效平稳运行。与此同时,也造成了金融类案件的爆发式增长,对我们审理案件提出新挑战,为金融仲裁开拓发展新领域带来新思考。

此外,2020年初爆发的疫情给社会经济造成严重影响,经济活跃度下降,金融机构的市场行为减少,由此产生的争端也同比下降。这就要求我们不断推广金融仲裁,促进案件类型多样化,将触角伸至金融活动各领域。同时,我们也意识到,一旦恢复正常秩序,金融市场主体的活跃度也会逐步复苏。如何更好地进入后疫情时代,把握住风口期,并在此基础上积极拓展案源,对金融仲裁院来说,既是挑战,更是机遇。

三、积极探索金融仲裁发展新路径

(一)以银行业、保险业为发展基石

2020年,金融仲裁院以银行业、保险业为发展基石,突出仲裁解决银行业、保险业纠纷的优势,继续巩固原有成果,逐步扩大合同仲裁选择范围。以浙商银行、杭州联合银行、建设银行、工商银行、广发银行、浦发银行为发展重点,同时积极走访招商银行、农业银行、中信银行、交通银行、宁波银行、恒丰银行、兴业银行、光大银行、华夏银行、民泰银行、江苏银行等。目前,已在银行合同中选择仲裁条款的有建设银行、浙商银行、杭州联合银行、工商银行、招商银行、广发银行、浦发银行、兴业银行、宁波银行、光大银行、民泰银行、泰隆银行等。2020年本市共受理银行纠纷案件19件,涉及标的4946.46万元。在保证银行传统业务选择仲裁的同时,积极推进银行创新业务优先选择仲裁,扩大业务类别及标的数额。针对商业银行类型化案件,在总结经验的同时,注重梳理和归纳,探索具有金融仲裁特色的审理机制和程序规则。

保险业方面,全年受理27件保险纠纷案件,以人保财险公司、大地财险公司、天安财险公司为主,其中大地财险已全面落实选择杭州仲裁。与保险行业协会及主要财险公司保持紧密联系,积极与人保、阳光保险等相关保险企业进行沟通,就非车险保险案件的仲裁选择进行专门商讨,进一步扩大非车险领域仲裁选择范围。

(二)扩大仲裁推行领域

2020年,杭州金融仲裁院积极走访具有证券、私募、融资租赁等业务的大型集团企业,扩大仲裁推行领域。与城投集团、物产中大、国贸集团、吉利集团、浙商汇金、财通证券、杭商资产等大型企业密切联络,争取在其私募投融资、基金、融资租赁、证券等领域中,全面选择杭州仲裁。积极落实与中国证券投资基金业协会的战略合作事项,建立长期有效的合作关系。加强与证券业协会的联系,探索证券纠纷多元化解决,其中浙商证券、财通证券已选择仲裁解决。

(三)积极纳入多元化纠纷解决体系

2020年,杭州金融仲裁院充分发挥仲裁制度高效、便利、快捷以及充分尊重当事人意愿的优势,探索金融领域案源在诉讼与仲裁间的合理配置。以《关于加强金融领域案件资源治理建立科学合理多元纠纷解决机制的若干意见》为指导,在金融领域进一步探索诉源治理实践。金融仲裁院与省市金融主管部门进行了沟通交流,充分发挥行政机关的宣传和引导作用,促进和支持金融机构选择仲裁,扩大金融仲裁发展领域。金融仲裁院与在杭各金融行业协会、金融机构进行了有效对接,成功分流和处理了部分金融案件。2020年以来共计受理涉金融类集团案件241起,金融类集团仲裁案件的高效办理,充分发挥了仲裁在诉源治理方面的能动作用。

四、谨慎对待新型金融纠纷案件

按照相关部门文件政策要求,杭州金融仲裁院严格审查、谨慎处理互联网金融纠纷、民间借贷纠纷仲裁案件。在国家对互联网金融严格监管的形势下,谨慎处理P2P相关案件,加强审理的监督审查,切实保障当事人权益;对于民间借贷纠纷案件,对有"套路贷"虚假仲裁风险的案件保持一定的敏锐度,结合法院协同治理民间借贷工作的《职业放贷人名录》,做好案件性质的审查和判断。密切关注相关政策动向,为金融仲裁案件高质量、高效率审理提供基础性保障。此外,针对个别疑难案件走访法院,沟通案件处理情况,了解相关政策要求,确保高效、公正地处理案件,保障当事人的合法权利。

五、完善与其他部门的协作统筹机制

2020年,杭州金融仲裁院与其他相关部门保持信息联通,全方位推进金融仲裁发展。一是积极参与行业协会的会议,与浙江省律师协会建设工程委员会等举办论坛,就企业如何融资解决资金紧缺及相应的纠纷解决问题进行研讨。二是保持与法院的通畅对接,通过走访杭州市中级人民法院,就目前私募基金案件所涉及的相关问题进行了交流和研讨。三是加强了与律师事务所的协作力度,走访了北京大成律师事务所、北京德恒律师事务所、天册律师事务所、北京盈科律所杭州分所、凯麦律师事务所、浙杭律师事务所等,并保持密切联系,就金融仲裁条款选择进行深入交流。四是建立与各家银行的不定期交流沟通机制,有效解决银行案件办理过程中出现的问题。五是拓展金融案件的案源渠道,通过与杭州市住房公积金管理中心、金松物产、菜鸟公司、阿里巴巴、吉利集团、再皇实业、广厦集团、浙江金汇、浙航实业、浙江一诺、昆仑小贷、浙江鸿曜、中融保险、豪世华邦等企事业单位走访沟通,争取将仲裁条款植入其合同当中。

六、不断加强金融仲裁公信力建设

杭州金融仲裁规范化不断增强,办案质量效率大幅提升。一是注重提升办案秘书办案质量及效率,督促办案秘书扮演好辅助者、服务者、参与者的角色,做好仲裁庭的服务工作,并且在推动仲裁程序上严格把关,实现金融仲裁案件高质量发展。二是针对类型化金融纠纷案件,充分发挥金融仲裁"快"的特点,研究简化仲裁程序的办法,有计划、有侧重地培养专业仲裁员,统一类案裁决书格式,提高案件审理效率。三是严格贯彻落实重大事项报告制度,加强仲裁庭的庭前沟通、庭后及时报告;对超亿元案件仲裁审理进行总结,保证案件质量;加强协调法院确认仲裁效力、发回重裁案件,对重大疑难案件加强研讨论证,控制仲裁风险。上述措施有力地践行了"程序灵活合法、实体均衡公正"的原则,为金融仲裁的公信力建设打下了坚实的基础。

七、2021年展望

回顾2020年,金融仲裁依旧存在仲裁标的起伏较大、发展进程缓慢、发展路径单一等问题,尤其在新型案件领域的发展效果不明显,金融仲裁审理规范化水平、仲裁审理效率还有待提高。面对金融市场环境日趋复杂、纠纷类型不断更新等问题,金融仲裁院还需不断加强与法院等相关部门的交流与协调,建立常态化机制,进一步探索仲裁审理程序创新模式。

2021年,金融仲裁院将结合国内国际新形势,积极应对新时代下金融仲裁面临的新挑战,坚持依法、公正、高效的原则,在现有基础上,努力开创金融仲裁新局面。首先是辩证、客观地认识当前经济形势,看到我国经济发展仍面临不少风险挑战,不稳定性、不确定性较大,但我国经济韧性依旧强劲,长期向好的基本趋势没有改变。我们要坚定信心,攻坚克难,善于把握和利用发展规律,在危机中育新机,于变局中开新局,为金融仲裁进一步发展打开新局面。第二是按照"十四五"规划对"双循环"新发展格局的部署,以及有关金融工作的各项要求,把握国家宏观发展的方向与重点,积极发展与推广金融仲裁,开拓仲裁新领域,培育仲裁新土壤。第三是结合特有的区位优势,在现有基础上,做到资源整合,努力推广仲裁,加强与杭州大湾区的司法合作交流和法律制度衔接,鼓励各经济主体选择仲裁作为争议解决方式,构建杭州湾金融仲裁中心。

港 湾 篇

2020年杭州国际金融科技中心暨钱塘江金融港湾建设工作报告

杭州市地方金融监管局

2020年以来,我局贯彻落实《金融科技(FinTech)发展规划(2019—2021年)》(银发〔2019〕209号)、《杭州国际金融科技中心建设专项规划》(浙发改规划〔2019〕258号)及《浙江省新兴金融中心建设行动方案》(浙数发〔2019〕4号)等精神,扎实推进杭州国际金融科技中心和钱塘江金融港湾建设,增强金融业科技应用能力,着力实现金融与科技深度融合、协调发展。

一、2020年工作情况

2020年是全面建成小康社会和"十三五"规划收官之年,也是我市探索金融科技发展的关键之年。我们依托钱塘江金融港湾平台,全力打造杭州国际金融科技中心建设,坚持战略部署有"深"的拓展,产业结构有"质"的提高,科技创新有"新"的突破,金融生态有"优"的氛围,审慎监管有"稳"的定力,为未来发展构筑长远竞争力。

(一)战略部署有"深"的拓展

一是制定相关政策。谋划金融业发展"十四五"规划、金融服务实体经济政策、杭州国际金融科技中心建设工作要点等文件的编写,高起点布局我市金融科技工作。二是推进试点改革工作。推进浙江省金融科技应用试点工作,启动了15项金融应用项目,努力推动金融科技成为服务实体经济和推动金融业高质量发展的"新引擎";争创国家级科创金融改革试验区和杭州数字人民币试点,拟定工作方案。三是夯实钱塘江港湾"1+X"发展格局。截至2020年末,港湾核心区中杭州金融城累计入驻省级持牌金融机构69家,各类金融组织300余家;钱塘江金融城入驻省级持牌金融机构5家,各类金融组织

200余家;五大金融特色小镇即玉皇山南基金小镇、运河财富小镇、西湖蚂蚁小镇、湘湖金融小镇、黄公望金融小镇共累计入驻金融企业5248家,总资产管理规模约2.3万亿元。

(二)产业结构有"质"的提高

一是推动产业集聚发展。蚂蚁集团总部一期项目已通过验收,西溪金融总部经济园一期、趣链区块链技术产业基地已开工建设,恒生电子总部一期、近江金融科技中心、杭州银行总部、太平浙江总部、杭州国际金融中心等项目施工稳步推进中,中国人寿大厦、华融国际大厦施工目前处于收尾阶段。二是搭建高能级创新载体。世界银行全球数字金融中心于2020年11月正式对外开园揭牌,将依托世界银行、中国人民银行、中国互金协会平台和专家资源打造标志性的金融品牌;金融综合服务平台发挥效能,截至2020年末,平台累计入驻52家银行机构,上线296个贷款融资产品,注册企业6.7万家,撮合融资金额超740亿元,惠企功效逐渐显现。三是培育一超多强的产业格局。数字征信领域蚂蚁信用评估公司于2020年3月成立,公司稳步应用大数据、云计算、区块链、人工智能等技术开展信用评级业务;清算领域连通(杭州)技术公司于2020年8月正式展业,携手包括众多国内发卡银行、收单机构和移动钱包运营商在内的合作伙伴稳步有序上线业务。

(三)科技创新有"新"的突破

一是"新"应用国际领先。依托杭州高效率科研环境,支付宝在移动支付领域多项应用"全球首发",日均支付笔数超过3亿笔,活跃用户数超过5亿户,杭州全球"移动支付之城"名至实归;率先推出"健康码",为复工复产决策提供支持,并向全国推广,已在超过100个城市落地。二是"新"标准加速培育。在杭州开展金融标准化研究,培育12个创新性强、应用性广、示范性好的创新项目入围了金融标准创新建设第一批试点。三是"新"平台探索搭建。永安期货牵头研发的辅助源点资讯投研服务平台已完成升级改造,杭州银行牵头研发的基于知识图谱的金融数据智能问询服务平台已完成原型系统的开发,趣链科技目前正积极研发基于区块链的供应链金融系统平台。

（四）金融生态有"优"的氛围

一是深入实施"凤凰行动"计划。截至2020年末，新增上市公司28家，IPO金额509.07亿元，上市公司总数达到218家，位居全国第四。二是引导私募行业集聚规范发展。市地方金融监管局组织各区、县（市）金融办对全市在中国证券基金业协会备案的1552家私募基金管理公司进行了全面的风险排摸。三是全面实施"钱塘金融人才"专项计划。截至2020年末，国际"三类"金融资格证书奖励补贴65人（FRM38人、CFA27人）、市"521"人才计划20人、市"万人计划"经济金融类人才2人通过审核，市高层次人才173人完成认定。

（五）审慎监管有"稳"的定力

一是优化地方金融科技监管体系。2020年4月，人民银行正式批复杭州为第二批金融科技创新监管试点城市；2020年10月，首批5个创新应用获批并入盒测试（包括2项金融服务和3个科技产品）。二是夯实风险监测平台建设。杭州市金融风险监测平台建设项目作为杭州市"十四五"电子政务申报项目，已通过专家评审。三是加强长效监管机制研究。与浙大互联网金融研究院展开合作，积极探索杭州金融科技监管长效机制研究。

二、2021年工作计划

我市将坚持金融科技发展主方向，对标"重要窗口"新目标、新定位，以改革试点先行，抓好金融科技产业集聚，提升金融科技应用水平，创新金融服务实体经济高质量发展路径，构建严密高效风险防控体系，全方位推进杭州国际金融科技中心发展再上新台阶，谱写钱塘江金融港湾建设新篇章。

（一）统筹谋划金融科技工作

明确发展定位，加强统筹规划。调研金融机构、学术机构等单位，广泛征集金融科技项目，拟定《2021年度推进杭州国际金融科技中心建设工作要点》，认真谋划2021年金融科技工作的目标、思路和任务举措，建立任务清单，明确主体责任，持续抓好落实工作。

（二）深入推进区域金融改革试点工作

继续稳步推进金融科技创新监管试点、区域性股权市场浙江创新试点，扩大试点范围；积极做好国家级科创金融试验区和数字人民币试点申创工作，待批复后全力做好工作落实，成立工作专班，制定改革实施方案，建立工作推进机制，积极稳妥推动各项改革创新探索工作。

（三）着力抓好金融科技产业集聚工作

优化金融配套基础设施。持续拓展物理集聚空间，进一步优化金融科技产业载体空间布局，稳步推进杭州金融城等重要平台搭建。深入实施"钱塘金才"计划，加强与在杭高校、科研院所的协作，支持浙大城市学院成立数字金融研究院。积极招引金融科技运营机构、研发机构落户我市，协调杭州中资管金融科技研究院落户我市，支持中国人寿设立杭州研发分中心。

（四）全面提升金融科技创新应用水平

强化金融科技底层关键技术研发，推动企业积极开展区块链、云计算为代表的分布式技术研发创新。驱动传统金融机构数字化转型，支持在杭金融机构依法合规拓展金融科技应用场景。探索监管科技与金融治理融合应用，积极配合"央行浙江数字化平台"建设，支持浙商证券加入"中证链"项目。

（五）不断创新金融服务实体经济高质量发展路径

深化金融营商环境建设，深度参与国家营商环境创新试点城市建设，推进金融领域"最多跑一次"改革。构建多层次融资服务体系，筹划出台金融支持服务实体经济高质量发展、深入推进"凤凰行动"计划等政策文件落实，做大直接融资规模。探索金融创新服务新思路，进一步深化杭州金融综合服务平台建设，支持全球数字金融中心（杭州）筹办首届全球数字金融创新产品评选大赛。

（六）稳妥构建严密高效风险防控体系

配合国家金融管理部门探索建立多层次、立体化的风控体系,完善包容审慎的"沙盒"监管机制。加强监管科技在金融风险防范方面的应用,整合监管部门、互联网等各类渠道资源,稳步推进杭州金融风险监测与分析平台开发工作;发挥浙江互联网金融联合会金融科技伦理(专业)委员会作用,引导各类市场主体加强对金融科技活动相关风险的研究和交流。

2020年钱塘江金融港湾核心区（钱江新城）建设工作报告

杭州市上城区金融办

一、2020年工作情况

为深入贯彻落实国家、省、市金融发展战略,积极响应杭州打造国际金融科技中心决策部署,切实发挥钱塘江金融港湾核心区在全省全市的引领示范作用,我区在2020"战疫"之年迎难而上、顺势而为,以钱江新城金融集聚区为核心建设杭州金融城,为"十三五"圆满收官、"十四五"全面擘画夯实金融业高质量发展的新格局。

（一）谋定而后动,推进杭州金融城建设

一是推动杭州金融城纳入国家与省市战略。2020年3月,杭州金融城作为重要的产业平台,被纳入浙江自贸区杭州联动创新示范区;2020年11月,杭州金融城被纳入《长三角G60科创走廊建设方案》,成为长三角一体化国家战略的重要支点。2020年,杭州金融城逐步被各界了解接纳,品牌形象逐步形成。

二是增强钱江新城金融机构集聚效应。截至2020年末,杭州金融城范围内已集聚69家持牌金融机构省级以上总部,300余家金融衍生机构。其中,工农中建交五大国有银行省级分行有四家在钱江新城,证券业、保险业、期货业在浙江的总部机构三分之二以上在钱江新城,"四大所五大行"等国际化机构中有"三大所""三大行"落户钱江新城;此外,浙江股权服务集团、浙江金融资产交易中心等4家金融要素平台,浙江银保监局、浙江证监局等金融监管部门,以及香港贸发局浙江代表处、ISO国际标准化组织会议基地(杭州)等国际化组织办公地址在钱江新城;律师事务所、会计师事务所、人力资源公司等中

介服务机构也纷纷集聚,形成以金融业为纽带的资金流、信息流、人才流、技术流,金融产业链生态丰富、配套完善。

三是推进杭州金融城发展联盟组建。明确了联盟的组织架构,以杭州市人民政府、浙江省地方金融监管局、浙江银保监局、浙江证监局、人行杭州中心支行为指导单位,由浙股集团、浙大互金院、农行省分行、浙商证券、中国人寿浙江分公司、永安期货、杭金投、赛伯乐、毕马威作为9家联盟理事单位,牵头各行业专委会下属共133家单位,组建杭州金融城发展联盟。起草并审议了《杭州金融城发展联盟组建方案》《杭州金融城发展联盟章程》,积极推进杭州金融城发展联盟筹备会议。

(二) 行稳而致远,助力企业复工复产

一是加快政策兑现,扩大惠企政策覆盖面。2020年疫情影响下,我区认真落实省市区三级助力企业复工复产的金融扶持政策,三项惠企政策共计兑现1400余万元,惠及企业3600余家,均已通过亲清在线平台兑现完毕。在市级政策基础上,推出加强版助力企业复工复产的融资支持政策,延长中小微企业减免担保服务费政策享受时间2个月,将担保机构担保费补贴比率统一提高到1.5%,有效降低企业融资成本。

二是撮合银企对接,缓解企业融资两难。依托钱塘江金融港湾核心区省级以上金融持牌机构集聚优势,举行"云上银企对接"等活动38场,为辖区200多家中小企业提供融资服务,涉及贷款总额超14亿元,签订授信合同5亿元。推进"两链"风险化解,积极协调对接金融机构,发挥政策性融资担保公司作用,累计为近20家企业纾困解忧,让中小微企业"留得青山、赢得未来"。

三是深化走访服务,打造最优营商环境。深化"走亲连心三服务""周三访谈夜"等民情联系机制,及时掌握企业经营状况,通过浙江省"三服务小管家"APP处理企业贷款融资需求,解决小微企业涉及的融资成本高、担保费用减免等问题155个,解决率达99%;以辖区拟上市企业、人才企业为重点,继续深化走访服务,为2400余家企业上门送政策、送服务、送温暖,精准发放融资补贴5400余万元,以优质金融服务精准释放助企红利。协调解决省农信社、中国人寿、华夏保险、民生证券、五矿证券等金融机构落地发展事宜,受到企业好评。

（三）温故而知新，加快产业培育促发展

一是做好金融产业数据分析。编制金融产业链月报，梳理金融产业链四大门类及头部企业税收情况，做到"一月一统计""一季一分析"，并形成《一季度全区金融产业链经济数据分析》《1—4月我区已上市、拟上市企业情况简析》和《我区金融产业链半年度经济数据简析》三篇情况专报，充分发挥动态数据对钱塘江金融港湾核心区（钱江新城）发展建设的指导作用。

二是做好金融产业项目招引。拟订《区金融服务产业链政策》，强化对总部型金融、税源型金融、类金融及金融科技企业招引，协同相关产业部门和属地街道，引进杭州市国资委下属的国佑资产运营有限公司、浙江股权交易中心金联产融项目、江河汇金融综合体等一批重大产业金融产业服务项目；新增持牌金融机构省级总部8家。

三是做好企业上市培育工作。拟订《关于推动"凤凰行动"再升级、上市企业"再翻番"行动计划》，提出上市企业数量四年翻番目标，出台支持企业上市的若干政策措施。杭园股份、浙江新能成功过会，万事利丝绸文化、永安期货、同富股份等10家企业被列入2020年度杭州市重点拟上市企业名单，其中新增5家，新增数量居全市第二。重视拟上市企业梯队建设，梳理44家重点拟上市企业库，联合上交所及券商、会所、律所组成上市服务小分队，为拟上市企业提供一站式全流程上市服务。

（四）居安而思危，强化金融风险监管

一是全面打赢网贷风险处置收官战。严格按照中央部署和省、市委要求，树牢风险意识、坚守底线思维，在防增量的同时有效化解处置网贷存量风险，全面完成了网贷风险处置工作任务，基本实现网贷机构数量、存量债权金额、出借人数"三清零"；通过加大资产处置工作力度，努力实现出借人利益的最大化，累计资产催收近5亿元，催收成果全市排名第二；有效维持出借人的信访秩序，处置期间无极端信访事件发生，实现社会面的基本稳定。共收到出借人表扬信、锦旗等10余件。

二是严格控制区内金融风险增量。始终严格把牢金融风险增量关口，联合市场监管部门、属地街道，对涉金融类的企业的变更予以谨慎分析研判，共

计召开5场变更研判会,对51家企业的新设或变更事项予以研判,确保引入优质企业和防范风险输入并重,保障区内金融风险总体可控。联合公安、市场监管和属地街道,加强对私募机构风险排查力度,并积极对接省证监局、市地方金融监管局等部门,对40家注册地与实际经营地不符私募机构实行"异常清单"管理,并制订风险应对预案。

三是强化金融行业监管工作。根据省市金融办的统一部署,组织对辖区融资租赁企业开展信息收集工作;对辖区融资担保机构进行专项整治以及问题整改工作,对辖区内从事车贷担保业务的非持牌机构开展摸底调查工作;对小额贷款公司进行专项检查及评级工作,重点检查了小贷公司"资金流向"和"放贷服务"两项内容,并对小贷公司进行年度监管评级;做好典当行业变更事项受理及年审与评级工作,进一步规范典当行业管理。

二、2021年重点工作

下一步,我区将紧紧围绕习近平总书记提出的"服务实体经济、防控金融风险、深化金融改革"三大任务,积极响应长三角一体化国家战略和杭州打造国际金融科技中心决策部署,以杭州金融城建设为龙头,培育经济发展新动能、建设资本市场新高地、塑造产业发展新优势、赋能实体经济新增长、构建稳健发展新格局,努力建设长三角南翼金融机构总部中心、财富管理中心、产融结合总部中心和新金融创新中心。

(一)登高方能望远,打造集聚平台"三大高地"

以提升杭州金融城集聚辐射效应为重点,对标伦敦金融城、上海陆家嘴,打造具有全国影响力的三大高地:

一是打造浙江金融业"接长融沪"产业高地。以杭州金融城纳入《长三角G60科创走廊建设方案》和浙江自贸区杭州联动创新示范区为契机,高起点推进金融产业高地建设,整合金融头部机构和相关中介机构、国际化组织资源,组建杭州金融城发展联盟,加快落地招商中心、研究院、国际化金融标杆街区等九项重点工作,切实提升杭州金融城资源整合力、产业贡献力和行业影响力。

二是打造国内一流区域性股权市场创新高地。以浙江股权服务集团三项全国性改革试点(全国区域性股权市场创新试点、科创助力板改革试点、全国首批区块链试点)为契机,按"总部＋园区"模式共建长三角资本市场发展促进中心(浙江基地),打造"科技＋产业＋资本"创新高地。

三是打造国际领先金融监管科技高地。以全球数字金融中心开展人民银行金融监管科技试点为契机,依托中互金协会、世界银行在金融科技领域的优势资源,推动金融与监管科技、合规科技深度融通,打造国际领先的金融监管科技产业高地。

(二) 避虚方能就实,把握产业招引"三大重点"

抢抓自贸区建设与亚运会举办的双重机遇,紧紧围绕"三区一窗口"总目标,组建金融产业链专班,设立金融城招商中心,着力招引金融、类金融和金融科技引擎性项目。

一是招引持牌金融机构省级以上总部。在钱江新城核心区,继续做好银行、保险、期货、融资租赁等持牌金融机构省级以上总部引进培育工作,持续提升金融产业集聚度。

二是招引央企国企背景金融总部。加大总部型资产管理机构招引力度,重点引进省市重大国有金融总部和民营500强企业、上市公司、国企背景的投融资板块,以及国家、省市重大产业基金项目,提高金融产业贡献度。

三是招引金融科技头部企业。依据"北连京津、南接广深、融接沪苏、东向出海"的工作思路,精准锚定国内重点金融科技龙头企业,每月开展敲门招商活动,对接30家以上金融科技项目,推动一批引擎性金融科技项目落地,为我区经济社会发展注入新动能。

(三) 筑巢方能引凤,紧抓企业上市"三个一批"

以"腾笼换鸟,凤凰涅槃"的精神深入实施"凤凰行动"2.0版本,按照"三个一批"工作思路推进企业利用多层次资本市场,力争实现上市企业四年翻番目标。

一是上市一批。围绕今年上市企业家数"保3争5望6"目标,密切关注在审企业问询反馈相关工作,确保上市工作平稳有序,在企业上市"开门红"基础上力争实现"全年红"。

二是报会一批。推动企业上市工作专班化运作,为重点拟上市企业开辟绿色通道,在合规证明、历史遗留问题协调等方面落实"一次性告知、一个窗口受理、一条龙服务",跟踪辅导待报会企业,促进企业紧抓窗口期尽早申报,力争实现5家企业报会。

三是储备一批。建立50家重点拟上市企业培育库,加强PRE-IPO产业园、杭锅智慧产业园等重点产业园区走访服务,激发企业上市意愿;组建拟上市企业董秘社群,联合上交所及券商、会所、律所组成企业上市服务小分队,为拟上市企业提供一站式、全流程服务。

(四)因势方能利导,推进融资畅通"三项工作"

发挥金融机构集聚优势,丰富融资渠道和融资方式,有效释放金融服务实体经济红利,让上城企业有更多获得感。

一是深化两张清单服务机制。梳理"企业融资需求清单+金融机构产品清单",常态化组织银企对接,引导金融机构推出差异化、低门槛的金融产品,切实帮助中小微企业缓解"融资两难"问题。

二是组建上城金融控股公司。协同相关部门组建区级金控公司,搭建综合金融服务平台,探索多样化金融服务业务,为全区经济增长、产业发展和重点项目建设提供金融支撑。

三是完善政策性担保公司运营机制。按照国家和省、市关于政策性融资担保机构建设要求,建立健全资本金补充、风险补偿、保费补贴、尽职免责和绩效考核等五项机制,发挥政策性融资担保机构的公共属性功能,更好满足中小微企业融资需求。

(五)未雨更需绸缪,加强风险防范"三大举措"

完善体制机制,强化协同合作,持续打好网贷风险扫尾歼灭战、上市企业股权质押平仓风险阵地战、"两链风险"处置运动战和金融诈骗风险攻坚战,让金融经济秩序更加安全。

一是组建"6+X"一体化专班。按"平战结合"模式,组建由政法委、公安局、金融办等6部门牵头的"6+X"金融风险防范处置一体化专班,形成统一协调指挥、统一队伍力量、统一办公场所、统一管理职责的工作机制,建立"监测、预警、处置、反馈"闭环管控风险防范化解工作体系,推动关口前移、源头防范,及时发现和处置经济金融领域风险。

二是落实"7+4"常态化监管。按照《浙江省地方金融条例》工作要求,对地方金融监管涉及的小额贷款公司、融资担保公司、区域性股交市场、典当行、融资租赁公司、商业保理公司、地方资产管理公司、投资公司、农民专业合作社、社会众筹机构、地方各类交易所等"7+4"监管事项落实管理职能,防范和化解金融风险,维护区域金融稳定。

三是实施"1+N"数字化管理。依托杭州市互联网金融风险监测平台功能,探索构建系统性、数字化地方金融风险监管网络体系,优化金融风险"天罗地网"监测系统,强化对各种"黑天鹅"和"灰犀牛"的分析、研判和预防机制,以数字化手段弥补监管体制机制短板。

2020年钱塘江金融港湾核心区
（钱江世纪城）建设工作报告

杭州市萧山区金融办

一、2020年工作情况

（一）筑巢引凤绘金融蓝图

根据《钱塘江金融港湾发展规划》，钱塘江金融城规划面积6平方公里，位于钱江世纪城沿江一线区块，四至范围为：东北至铁路，西北至钱塘江滨，西南至区界，东南至奔竞大道。钱塘江金融城定位于浙江新金融中心，重点打造金融科技先导区、金融（上市）企业总部基地和产业金融示范区三大功能业态。至2020年底，金融城内已出让商办项目29个，总出让面积约950亩，总建筑面积约601万平方米。其中21个项目已竣工，已竣工建筑面积约186万平方米。目前已有广孚中心、丽晶国际中心、宝盛世纪中心等项目约106万平方米投入使用。区域内已落地的持牌法人金融机构有5家，包括传化集团财务有限公司、传化支付有限公司、盛达期货有限公司、信达期货有限公司、浙商银行股份有限公司；另外还聚集了江苏银行杭州分行、中国银行杭州分行、浙江农银凤凰投资管理有限公司、浙江浙萧资产管理有限公司等金融企业。2020年实现金融产业（不含银行、保险、证券、期货）税收3.6亿元。

（二）纲举目张促产融协同

钱塘江金融城以金融服务实体经济高质量发展为导向，坚持项目牵动，注重招大引强，分类别多层次招商。金融城对标上海陆家嘴金融中心，实施错位发展，重点吸引非银金融机构、金融科技企业、私募投资机构，构建起产业金融协同发展的产业金融和新金融生态圈。通过招大引强布舞台，累计引入金融投资类公司188家,还通过产业基金引入多家准独角兽企业。招商打造产融协作氛围,产学研结合、金融与科技汇聚、产业与金融协同,浙江之江创投研究院、浙江金融人才协会落地钱塘江金融城,一年一度的万物生长大会在钱塘江金融城召开,发布独角兽准独角兽榜单,钱塘江金融城成为科技企业、金融资本的汇聚地。

(三)联防联治建金融风险防火墙

建立制度,规范化防止金融风险。一是扎紧入口关,落实推进金融类企业迁入、注册的准入制度,从企业的资质、规模到股东背景,作为金融招商企业准入条件,实行金融类企业的注册预审核制。二是广泛开展"普及金融知识,防范金融风险,共建小康社会"工作,加强社会公众对风险隐患危害性的认识,提高对金融风险的防范和抵御能力。三是强化日常监督排查,加强持续监控,关注社会舆情,早发现、早处理潜在金融风险,打造良好的金融环境。将进一步加强对地方金融业态的管理,对依法合规经营的加大支持力度,发挥好它们的作用;对企业进行现场走访排查,采集企业基本信息,了解企业经营状况;建立高效联动机制,坚守属地监管责任,筑牢风险防范之墙。

(四)招才引智激发创新创业动能

全力建生态引人才,构筑以"金融、科技、总部"为主导和以"体育、会展、数字内容"为特色的"3+3"产业格局,推动国际人才社区等产业园区和网易、商汤等龙头企业构建产业与人才双向交融的生态圈。努力搭平台聚人才,全力做大做强北大信研院、浙大计算机研究院、中乌航空航天研究院等科研院所和中国(杭州)5G创新谷、杭州湾智慧谷、会展产业园等创新平台和人才智库,培育集聚各类产业人才。加强与区委组织部、区委人才办等区级相关部门对接,通过"一事一议""绿色通道",为人才解决各类重大问题和事项8个。为各类国际人才提供创新创业、人才生活、政策申报等"一站式"服务。加快推动钱江世纪城初中、省妇保钱江院区、汇德隆奥体印象城、绿廊水系、花海草海等民生与配套建设,全力为人才创造宜居、宜业、宜游环境。

二、存在的主要困难

（一）外资金融机构落地注册方面

高标准接轨上海国际金融中心建设,推动钱塘江金融港湾与陆家嘴金融集聚区在政策规划、协调机制、要素市场等方面实现联动,需要大力吸引外资金融机构、金融总部在钱塘江金融城设立总部或分支机构,但是目前政策不配套,外资落地注册存在困难。

（二）金融风险防控方面

金融风险的防控是属地义不容辞的责任,压实属地责任、强化领导包案,可确保各类风险处置有力平稳。但是,违法违规金融类企业伪装性极强,属地作为基层政府组织,手段有限、权限有限,希望明确基层政府组织的可使用技术手段、行政权限和责任。

三、下一步工作思路

下一步将大力布局总部金融、科技金融和产业金融,持续招大引强、招强引优,全力打造具有强大资本吸纳能力、人才聚集能力、创新转化能力、服务辐射能力的财富管理和新金融创新中心。

（一）加大招商力度,服务好重大项目

依托现有平台抓手,引进重点金融类企业落户金融城,特别是加大持牌金融机构的招商力度,布局总部金融。

（二）持续有力防范金融企业风险

继续强化金融城金融类企业防风险政策执行,落实属地责任,密切关注各类涉众型投资利益受损群体的动态,防范极端事件发生。强化协作配合,与各相关机构一起构建协调齐抓共管的工作局面。

（三）做好世纪城产业基金工作

充分发挥世纪城产业发展基金的引导作用,推动5G产业基金、蚂蚁生态基金与优质项目对接,加速重大项目的落地。在实现世纪城产业基金带来巨大的招商功能的同时,平衡好产业支持与本金安全的关系。

2020年玉皇山南基金小镇建设工作报告

杭州市玉皇山南基金小镇管委会

2020年，玉皇山南基金小镇在区委区政府的坚强领导下，统筹推进疫情防控和经济社会发展，积极探索助力构建新发展格局，各项工作稳中有进，取得一定成效。

一、2020年工作推进情况

围绕"两手抓、两手硬、两战赢"，小镇努力在危机中育新机，化新机遇为推进高质量发展的强劲动力，持续深耕小镇2.0版本，获评"最受欢迎基金小镇"。截至2020年末，小镇累计入驻金融机构2393家，累计总资产管理规模11655亿元，在疫情影响下仍实现税收23.89亿元，较去年同期增长3.8%。

（一）化危为机，产业发展进一步提质增效

面对年初以来复杂严峻的外部环境和疫情影响，小镇积极作为、化危为机，推动产业提质增效、服务深入人心，做到了"三个确保"。一是确保优质项目平稳落地。浙江省文化产业投资集团、国浩律师事务所、浙商资产、深交所浙江基地、浙江省股权投资行业协会、杭州仲裁委玉皇山南仲裁调解中心等项目顺利落地，中国建材投资公司、中金财富证券等储备项目招引有力推进。二是确保为企服务精准到位。疫情期间对小镇实际办公的主体企业进行100%点对点排摸，及时跟进解决企业各类问题，免费发放、主动邮寄口罩近万只，酒精、消毒液上百瓶，制定企业防疫工作指引、应急处置预案，落实租金减免等惠企政策，涉及减免企业107家、金额1145.04万元。三是确保金融风险可防可控。清退无实际业务、零税收的僵尸企业229家，其中迁出45家、注销184家。强化金融企业联审，严把企业背景、人员资质关，共通过新设联审

43家,变更、迁入联审443家。与金融办合力研究推动与企查查进行数据真实性对比方案,持续优化完善小镇企业信息监管平台。联动街道做好微贷网、瑞得隆资产、汉鼎宇佑等风险企业的事中、事后跟踪。与财通证券合作在小镇共建投资者教育基地,增强投资者风险防范意识,有效保护投资者权益。

(二)迎难而上,建设领域进一步规范推进

小镇争分夺秒赶进度,将疫情造成的影响降到最低,各项目克服困难序时推进,顺利完成年度目标任务。一是"迎亚运"道路整治按期推进。飞云江路道路整治工程3月进场施工,10月底完工。复兴路道路提升改造工程6月开工,目前完成施工进度的25%,水澄路—南复路段北侧市政管线已铺设完成。二是做地出让项目成功收储。飞云江路地铁上盖物业地块9月完成做地手续,领取杭州市经营性用地收储验收合格证,正式纳入政府土地储备。陶瓷品市场三角地仓库地块完成集体土地征收和前期审批手续,已正式收储。三是已竣工未决算项目顺利收官。35个区政府重点项目(2015年7月31日前)工程结算审计工作全部完成,91个项目已完成结算审计90个。四是招投标程序全面规范。制定《玉皇山南基金小镇管委会(玉皇山南指挥部)南星街道小额工程建设项目施工、勘察设计、监理等招投标管理办法》,成立管委会招投标领导小组,进一步规范400万元以下建设项目的招投标程序,完成建库工作。五是平安建设深入推进。开展安全巡查93次,整改小微安全隐患50余处,举办小镇防灾减灾宣传暨应急演练活动,组织小镇安全生产和消防安全培训及应急实践操作培训。信访渠道畅通,共办理信访系统平台件275件,化解信访积案4件。

(三)借势借力,特色品牌进一步优化打造

小镇持续发挥"全球私募基金西湖峰会""玉皇山南金融学院"等品牌效应,依托长三角特色小镇产业联盟、深交所浙江基地等平台,深挖优势特色,以营商环境软实力助力引企留企稳企。一是成功举办第六届西湖峰会。创新三会合一,将私募基金、人才、杭商大会相结合,参会嘉宾的层次较往届更高,有桥水基金创始人瑞·达里奥等世界私募界顶级人物参会,峰会更具国际代表性,小镇五年发布、人才集聚展示及金融人才顾问聘书颁发、未来社区杭

商之家授牌、深交所浙江基地揭牌等成果发布更具特色内涵。二是构建标准化专业服务平台。全国首推"基金综合服务超市",通过"1+N"合作模式,引入恒生电子、同花顺等基金服务合作伙伴,提供专业高效的一站式投资运营服务。全省首个特色小镇服务与管理省级标准化试点通过验收,包括金融风险防范、企业服务、景区旅游等17项规范,为金融特色小镇打造提供标准化样本。三是全方位提升社会影响力。积极履行社会责任,各类会议活动成果丰富。举办浙江省特色小镇投融资对接会暨"金融特色小镇浙江行"活动启动会,邀请10家投资企业项目路演,积极推动特色小镇重点产业项目与社会资本的深度对接。承办2020杭州大学生"双创日·百家风投融资机构对接会",引导金融资本助力支持大学生创业创新。作为创始发起机构继续参与第三届格林威治经济论坛,推动资本市场对外开放,积极带领小镇金融机构走出去。小镇委员会客厅共举办19次"会客"活动,解读中央会议精神,探讨私募领域面临的难点痛点。小镇4A景区顺利通过复评,共接待游客40.5万人次。《抢抓机遇深耕内涵提升能级玉皇山南基金小镇全面融入长三角一体化发展》《聚焦"双循环"促创新,打造"金名片"谋发展——第六届全球私募基金西湖峰会取得丰硕成果》等专报获省领导批示肯定。

(四)创新探索,试点改革进一步深入挖潜

小镇以更新思维探索金融供给侧结构性改革,准确研判经济形势,找准路径,积极发挥小镇先发优势,以改革为动力,打造区域经济发展新增长极。一是深入推进自贸区联动创新区建设。借助纳入中国(浙江)自贸区联动创新区的重大机遇,积极推广全国自贸试验区改革试点经验及最佳实践案例,完成大宗商品金融服务创新基地联盟运作体系方案,拟定开展合格境外有限合伙人试点实施方案,参与完善关于构建创投基金份额二级交易市场方案,对接大宗商品金融服务创新产业峰会落地小镇,助力打造杭州市跨境电商上城分园。二是积极争取区域性股权市场改革试点。抢抓证监会将"浙江作为目前全国唯一的区域性股权市场改革试点"的契机,积极联动省股权交易中心开展试点改革各项工作,努力推动在小镇打造一级半市场定价和交易中心,推动区域性股权市场互联互通,形成"投资—退出—再投资"的闭环,为化解基金的流动性风险提供新的解决方案。三是着力构建资本、项目、服务协

同机制。高水平参与长三角一体化发展,进一步放大小镇资金、人才等要素集聚效应,共享各类高端智库资源。与国家级合肥经济开发区管委会签订合作协议,镇内企业累计投向实体经济项目4029个,资本金额3800亿元,成功扶持培育123家公司上市。开办"玉皇山南金融学院"奉化区企业管理总裁培训班,长三角资本研究院定期发布长三角资本市场简报信息。举办"山南"系列、"金融小镇浙江行"等线上线下活动16场,其中参会企业1026家,参会人数超过2000人。

(五)服务大局,党建引领进一步聚力聚焦

小镇红色引擎作用持续发挥,助推各领域全面发展,确保实现"战疫情、促发展"两战全胜。一是聚焦抗疫复产。深化"三联三领三服务",全体党员深入基层一线,每日18人支援社区各点位防控值守,红色助企服务团完成企业走访110家次以上,人才走访50余人次。二是聚焦人才培育。完成区"1211"人才申报1人,组织2人参加市"521"人才选拔,有6人获聘"金融人才顾问"。三是聚焦阵地建设。打造党群人才服务中心2.0版本,引进IOF设备开展智慧党建试点,红色代办业务150次,丰富社团内容,开展各类活动319次、参与人数7800余人。四是聚焦"两新"创新。成功发布"红色云联盟",发挥党建引领"精准扶贫"区域合力,联合街道开展"书香山南、智汇鹤峰"——"山南书屋"筹建暨公益图书捐赠活动,共捐赠书籍649册,小镇"融合式双强发展"理念代表上城区在全市两新工作推进会上作经验交流。五是聚焦清廉氛围。召开年度党风廉政建设大会,开展岗位廉政风险排查、一般性廉政谈话,及时研究整改2019年度党风廉政建设反馈问题,完成违规收受礼品等自查自纠和会所专项整治回头看工作。六是聚焦群团共建。凝聚人心,共谋发展,小镇1人获区五一劳动奖章,1人入选区劳模工匠协会会员代表,完成小镇范围内企业劳动关系风险排查,获评2020年杭州市和谐劳动关系建设标杆园区。

二、2021年工作思路

2021年,小镇将进一步强化窗口意识、机遇意识,校准方向定位,积蓄强

大动能,持续深化2.0版本建设,以更实举措融入新发展格局,为加快打造"六个新高地",高质量建设一流的国际化现代化城区积极贡献小镇智慧,在建设"重要窗口"的时代使命下继续展现金融特色小镇的头雁风采,交出小镇发展高分报表。

2021年小镇工作总体聚焦"一二三四五六"。明确一个定位:在建设"重要窗口"的战略机遇下,进一步发挥小镇优势特色,打造"立足杭州、面向长三角、辐射全球"的创新金融要素集聚高地。推动两大融合:加强小镇内一、二级市场投资机构联动,有效对接多层次资本市场,积极推动私募产业与实体产业、传统金融市场与新兴金融市场相互融合,引导金融产业服务实体经济。联动三方合作:积极推动产、学、研三方联动,以产业生态招商为核心理念,强化教育培训,推动研究成果转化,发挥综合优势,创建多方共赢发展机制。畅通四大环节:围绕私募金融产业"募、投、管、退"四个环节,为小镇企业打造全生命周期服务,形成高效的金融产业生态圈。健全五大体系:进一步完善服务实体经济体系、金融风险防控体系、专业人才培养体系、产业配套服务体系、国际交流合作体系等五大体系,全力提升小镇高端产业服务平台能级。具体抓好如下六个方面工作。

(一)谋深战略发展布局

全方位融入长三角一体化发展,构建创新产业、创新资本、创新人才互动互联的生态体系。强化顶层设计,持续招强引优,进一步调整优化产业结构,完善产业链配套,形成金融产业集群效应。着力打造服务未来产业发展的资本聚合新平台,争取招引更多的国家、省市各类产业引导基金向小镇集聚,积极发挥长三角特色小镇产业联盟作用,推进省特色小镇产业金融联动发展基金实质性落地。加力推动小镇争取成为区域性股权市场改革试点,打造一级半市场定价和交易中心,争取省市区三级联动的税收优惠、奖励扶持等政策。主动对接G60科创走廊产业平台,推动创新改革系统集成一体化合作,助力浙江省长三角资本研究院智库作用发挥和成果落地。

(二)抓细产业服务平台

结合"金融小镇浙江行、全国行"活动,开展线上线下路演,与高质量产业小镇建立常态交流机制,积极拓展投融资双方信息对称交互渠道。深耕"玉皇山南金融学院""首席经济学家讲坛""董秘培训班"等品牌,定期举办金融培训和企业家联谊等活动,积极搭建人才培育和交流平台,进一步形成体系,提升规模,扩大影响力,争创省级金融人才改革试验区。推动深交所浙江基地实质性运作,从企业的规范运作、改制上市、投融资对接、上市辅导等多个维度推进优质企业与资本市场对接,加快小镇企业所投项目上市进程。深化"基金综合服务超市"健康运营,不断完善服务清单。优化小镇公众号功能,打造线上线下一体化服务窗口。完成物业和园区保险招标工作,进一步提升物业服务和管理水平。

(三)加强建设领域攻坚

以省市钱塘江金融港湾和拥江发展战略规划为契机,聚焦打破小镇空间发展瓶颈,积极拓展物业空间,增强公建配套,实现产城融合发展。全力推进工程项目建设,倒排工期,争取2021年7月底前竣工复兴路道路提升改造工程。推进飞云江路地铁上盖物业地块、三角地仓库地块挂牌出让,力争2021年一季度完成出让。继续推进六和源地块后续综合开发事宜,力争2021年开展前期做地流程。加强工程建设全过程监督管理,完善招投标、联系单变更和合同会签等关键环节流程制度。持续攻坚遗留征迁安置办证,积极推进嘉绿景苑等18套市级房源办证,与危改办证专班共同研究推进办理凤凰山脚路46—55号危改办证。

(四)筑牢风险防控防线

建立内部机构评价体系,严格审核注册、变更企业的股东背景和展业需求,探索内审赋分机制,实现企业信用分级差异化管理。把好企业入驻源头关,及时清退"僵尸"机构。强化数字赋能,联动监管、行业协会、招商服务等部门,建立大数据管理平台,打造小镇数据中心和企业画像中心,实现企业数据的多维采集、全面计算和自动筛查以及企业综合分析、投资图谱分析,形成企业发展扶持与动态监管的相互协同。积极发挥金融法律服务中心、基金小镇金融法庭、杭州仲裁委长三角金融调解中心等作用,织严织密风险防控体系。持之以恒做好平安维稳、安全生产等工作,加强微型消防站规范化建设,修订完善小镇应急管理预案,开展各类安全培训和应急演练。

(五) 拓展国际交流合作

持续扩大"全球私募基金西湖峰会"品牌影响力,深化会议成果巩固与转化。建立疫情形势下与格林威治、伦敦的新型常态化联系机制,进一步加强双方合作的广度和深度。以浙江自贸区联动创新区为载体,开展合格境外、境内有限合伙人等相关试点,推进大宗商品金融服务创新产业基地落地。依托中基协国际部平台资源,加强与世界著名金融企业的协作,探索建立高水平国际合作与人才交流基地。鼓励小镇企业"走出去",主动对接海外知名投资机构,积极参加国际交流、参与海外投资布局。

(六) 创新党建引领路径

深化"红色云联盟"建设,持续扩大覆盖面,以云联盟为载体开展"党建+"活动,实现党建引领促发展。深入"三联三领三服务",积极推动优化财政政策、人才政策,为企业和人才提供精准服务。着力提升"红色教育""智慧党建"品牌,融入杭州市红色教育线路,做好杭州市智慧党群中心试点工作,探索举办党建论坛等活动。不断提高杰出人才、突出贡献人才认定的含金量,定期开展基于专业培训交流的"山南"系列、"小镇沙龙"等多种形式活动,打造"有高度、有热度、有温度"的金融人才交流服务平台。

2020年西湖蚂蚁小镇建设工作报告

杭州市西溪谷建设发展管委会

2020年,西湖蚂蚁小镇作为杭州城西科创大走廊、钱塘江金融港湾的重要部分和金融科技产业发展的主要平台,聚焦金融科技第一镇建设,围绕"蚂蚁经济"和"高校经济"两大主线,整合力量,落实措施,全力推进征地动迁、项目建设、产业培育、企业服务等工作,全力打造西湖蚂蚁小镇2.0版本,全面建设国际金融科技中心。

一、2020年工作进展情况

(一)突显产业特而强

一是经济指标方面。2020年小镇新增企业420家,其中外资项目3个。小镇全年营业收入达1034.69亿元,其中特色产业产出970.27亿元,占比达93.77%。小镇全年财政总收入达100.84亿元,同比增幅128.75%;一般公共预算收入达48.09亿元,同比增幅129.98%。二是金融特色指标方面。截至2020年底,小镇实缴注册和管理资本达200亿元,小镇内金融企业对外投资项目数500多个,对外投资规模达600多亿元。三是重点项目方面。2020年累计完成固投15.66亿元,特色产业固投14.98亿元,特色产业投资占比达95.66%。特色产业项目西溪金融总部经济园(一期)已完成工程量约20%,捷木股权项目正在抓紧施工建设,蚂蚁集团全球总部(蚂蚁A空间)已通过竣工验收。

(二)促进功能聚而合

一是生活配套丰富,服务功能完善。2020年小镇范围内实现商用5G信号全覆盖,主要园区及公共区域均具有免费Wi-Fi覆盖。小镇重点项目天目里正式开放运营,为周边就业者提供丰富的宾馆、餐饮、购物等配套服务功能,成为杭城新标杆。二是周边环境优越,旅游功能完备。为提升环境品质,实施西溪路景观提升和亮化工程,开展飞达巷口、灵溪隧道口等重要节点改造工作。推进小镇4A级旅游景区创建,完成指示系统和智慧旅游系统的施工。启动小镇客厅提升改造工程,集信息咨询、创业服务、旅游服务、文化展示等功能为一体。三是文化活动丰富,创业氛围浓厚。2020年举办第二届西溪谷乐活节,并围绕"菁英创咖会""企智大讲堂""智投融接汇""谷友圆桌会"四大板块,先后组织开展了创新创业企业路演4场、投融资对接活动3场、政策宣讲和法律讲座3场、创业企业交流分享2次。实现了政企对接、投融资对接、智库对接,丰富小镇创新创业氛围。

(三)发挥体制新而活

充分发挥政府积极引导、企业投资主导、市场运作多元化的作用。一是征迁做地方面,全力推进青春宝地块征迁谈判,正大青春宝地块已完成国有土地收储搬迁补偿协议签订,中国青春宝地块已完成征迁谈判,正在协商协议签约相关事宜,力争2022年3月完成搬迁。加快推进爱知车辆厂地块土地的做地工作,做好青春宝地块156.3亩土地模拟供地。目前爱知车辆厂地块已通过收储验收,青春宝地块正在加快办理前期手续。二是基础配套方面,完善支小路网,开工建设慧和路(浙创路—天目山路)、浙创路(紫荆花路—紫金港路)等5个道路工程,其中慧和路(天目山路—浙创路)、网银巷2个项目已完工。优化重点项目配套,西溪路缓冲车道项目已通车,飞达巷口人行天桥项目投入使用,浙创路建设前期手续有序推进。三是金融服务方面,目前小镇引进浙商创投、浙大未来创投、帮实投资等机构,管理基金超亿元,引进专业团队运营、孵化,实现投资建设多元化、公共服务市场化。

二、2021年工作思路

2021年,西湖蚂蚁小镇将以命名为契机,聚焦"蚂蚁经济"和"高校经济"两大主线,全力推进征地动迁、强园扩园、产业培育、基础完善、招商引资等工作。

（一）抢抓机遇，科创赋能，全力提升产业能级

我们将聚焦"蚂蚁经济"和"高校经济"，顺利完成"西湖蚂蚁小镇"命名，推动小镇产业提质升级。一是做好高校经济平台打造。启动浙大科技园提升改造工程，加速科技成果转化和高新技术企业孵化。依托高校智源、楼宇资源优势，不断深化高校院所、校友会等互动合作，探索形式多样的共赢模式。二是加快社会投资项目建设。推进捷木股权、西溪金融总部经济园（一期）两个项目的楼宇建设，加快西溪金融总部经济园（二期）项目开工建设，确保蚂蚁集团全球总部（蚂蚁A空间）32万方楼宇按期建成并投入使用。三是加快特色产业平台打造。力争建成桃源坞蚂蚁金融合作小坞、浙商回归产业园和蚂蚁链创新中心，集聚蚂蚁上下游企业15家、重点培育企业10家。力争在2021年逐步形成以蚂蚁集团为龙头，多园区平台、多行业总部协同发展的格局，实现西溪谷产业发展再上新台阶。

（二）规划引领，高效推进，全力拓展空间格局

我们将集中力量，加快推进小镇发展空间。一是扩展楼宇空间，加大引才引智。加大小镇管理、运营、招商等专业化人才引进力度，开拓自有楼宇物业满足高校人才储备项目顺利落地。二是细化研究，加快征迁谈判。重点推进省交工集团谈判，2021年上半年正式启动征迁谈判工作，两年内完成省交工地块3宗共59.85亩用地的征迁谈判工作，实现小镇东入口形象整体提升。三是加快手续办理，确保地块顺利出让。完成青春宝地块156.3亩用地的搬迁腾空和做地手续办理工作，完成爱知车辆厂、天堂伞南、海聚电器3宗地块用地的收储出让工作。

（三）小镇协同，内外兼修，全力提升区域氛围

我们将继续深入挖掘区域特色，利用产业活动带动作用，全面提升区域氛围。一是加大不同产业小镇间的联动，助力长三角产业一体化协同发展，金融服务实体经济，形成"金融＋X"合作共建模式。二是拓展党建联盟朋友圈，吸引更多专业机构和行业龙头企业加入，进一步强化小镇助企"智囊团"的作用发挥，助力产业生态构建。三是优化区域交通组织方案，制订区域交

通优化专项方案,进一步优化区域交通"微循环",提升区域创新创业品质,全力打造宜商宜居宜业的未来社区。

(四) 创新举措,精准对接,全力优化服务品质

我们将持续做好"双千"工作,着力打造为企服务示范区。一是搭平台。高标准推进小镇城市客厅功能优化,进一步增强为企服务的精准度、常态化和实效性。运用数字化、多媒体技术,加快企业宣传、成果展示、场景应用、信息发布、融资并购等平台建设,促进政企互动、产融互动。二是强队伍。建设一支业务能力强、管理水平高的专业队伍,强化为企服务能力,确保重点项目的全链式全周期服务。三是建纽带。进一步联合蚂蚁集团、浙商创投等企业、协会和项目主体,优化小镇产业联盟,既发挥蚂蚁集团的龙头引领作用,也提升小镇其他企业平台的积极性和参与度,营造西溪谷科技创新、产业发展的浓厚氛围。

2020年运河财富小镇建设工作报告

杭州市运河财富小镇管委会

2020年,小镇管委会按照区委区政府关于特色产业平台打造工作要求,全面推进小镇各项工作开展。

一、2020年工作情况

2020年,小镇班子在贯彻省、市、区关于特色小镇建设的各项要求基础上,致力疫情防控,落实"六稳""六保"任务,根据小镇新的产业定位和重点产业招商规划,不断提升小镇创建能级和成效,推进小镇高质量发展。

(一)坚持战疫情稳发展,全面推进复工复产

2020年初,新冠疫情牵动人心,小镇严格贯彻"两手抓,两战赢"要求,全面做好疫情防控,助力经济发展。第一,实行日巡查制度,2月19日至3月24日共计走访297家复工企业;第二,实施与街道、楼宇物业的联动机制;第三,建立企业复产情况跟踪机制;第四,发挥小镇金融财富联盟协同机制作用。小镇8家金融联盟金融机构出台8项"暖企"政策,给予企业信贷支持,纾解企业资金困难。据不完全统计,各级联盟机构还通过各种渠道捐款3.7亿元、捐赠4.8万只口罩等防疫物资,助力抗疫一线。

(二)紧抓省级小镇考核,建设产业链金融小镇

小镇对照省级特色小镇最新考核办法,全力以赴做好迎接考核准备工作,在各考核指标的梳理上,做到应统尽统、应报尽报,在2019年度考核中获良好评级。

截至2020年末,小镇已有各类持牌机构80余家,其中2020年新引进金融

企业20家,包括法国安盛保险等2家世界500强外资保险浙江区域总部机构;省级产业基金浙江兴农创业投资引导基金也落户小镇,总规模2亿元。

2020年,小镇完成产业投资4.37亿元,其中特色产业投资、民间投资均占比100%。累计实现营收171.3亿元,常规性税收9亿元,实际利用外资2298万美元,

小镇产业平台重点项目——英蓝国际金融中心进入竣工验收阶段,将引进国际投行和银行等机构入驻,进一步加快小镇金融产业链的建立,加快小镇国际金融聚集区的建设进度。

(三)坚持金融小镇协同创新,打造高质量发展动能

第一,坚持小镇资源整合,谋划区域协同发展。深化与中国商务区联盟、浙江省金控集团、长三角特色小镇产业联盟、浙江省创投协会等平台合作,助推小镇产业发展。第二,坚持创新型小镇建设,创新布局智慧化应用。上线小镇"楼宇金牌管家"数字化管理系统,提高楼宇管理质效。鼓励楼宇物业推出VR看房业务,与传统物业带看模式相互补充,提升服务效率。全年完成重点楼宇净去化23023平方米。

(四)坚持金融服务实体经济,践行多样化服务理念

认真贯彻落实党委政府关于金融服务实体经济的要求,充分发挥金融特色小镇职能。小镇在严格做好疫情防控的基础上,深入推进"三服务"活动,展开线上线下金融服务工作。通过浙江省金控集团等多种平台,积极开展走访调研、项目路演、学习讲座等丰富多样的服务活动。积极参与由省发改委、省财政厅、省地方金融监管局联合组织的"金融特色小镇浙江行"服务活动,对接省内物联网、地理信息等10余家产业特色小镇,开展线上交流、项目对接、项目路演等活动,打造金融服务实体经济的"小镇模式"和"小镇样板"。服务活动受到媒体广泛关注,被新华社、中国网、凤凰网、浙江在线等10余家媒体报道20余次,极大提升小镇知名度和美誉度。

(五)坚持小镇金融风险防控,做好常态化风险排查

贯彻省、市、区各级部门要求,小镇从金融企业招引以及存量风险排查两

个方向上严控金融风险。一是积极做好企业资金来源、股东背景、投资项目等情况审查,严格落实区金融企业联审制度。二是调整招商目标,以国家金融开放为契机,加大力度招引国内外传统持牌金融机构。三是定期对辖区内金融企业进行排摸,做好企业走访工作。四是与街道、楼宇物业做好联防联控工作。

二、2021年工作思路

2021年,运河财富小镇将结合省、市、区"十四五"规划工作,围绕区委全会精神,认真贯彻浙江省《关于加快推进特色小镇2.0建设的指导意见》的工作要求,全面推动小镇2.0升级建设。

(一) 推进小镇命名工作

2021年,小镇将申报命名,根据省级小镇命名工作要求落实好各项准备工作。一是紧抓考核要求,细化任务清单,做好命名考核迎检准备工作。二是紧密联系验收部门,做好各项任务节点工作。

(二) 全面落实小镇2.0建设

1. 产业更特,形态更美,落实产业高质量发展

一是聚焦重点招引对象。紧抓中央外资金融保险开放政策和外资金融企业牌照开放政策,开拓海内外市场,引进外资金融保险区域分支机构及高端人才。二是精细特色产业布局。打造特色产业楼宇,根据不同楼宇特点和产业客户需求招引企业落户。远洋国际中心主要引进国际金融保险分支机构,绿地中央广场主推国内保险机构及律所、会计师事务所等商务服务机构的招引,英蓝国际中心楼宇主要集聚国际投行分支机构和国内外知名文化产业分支机构。三是扩宽产业招商渠道。加强与五大行、四大所等国际商业运营机构的联系和合作,拓宽重点产业方向国内外招商资源,借助远洋、英蓝等商业开发商的楼宇资源,做好国际金融机构招引落地和聚集,增强小镇金融品牌属性,扩大小镇影响力。

2. 创新更强,功能更优,深化拓展开放合作

第一,加强资源有效整合。充分整合小镇内外平台资源,进一步推动省级产业引导基金、特色产业小镇基金、优质金融企业落地小镇,开展高规格产业活动。第二,进一步推进战略合作。借势特色小镇2.0升级改版工作要求,推动与上海陆家嘴金融城发展局、北京金融街管委会、北京通州运河商务区的战略合作,落实双方在产业招商、金融科技研究、金融人才引进和培养、活动举办等方面的合作,助力小镇创新发展。

3. 机制更活,辐射更广,加速推动平台运营

第一,扩大金融财富联盟规模。积极吸纳小镇内更多的金融机构以及商业商务机构,计划上半年完成联盟扩容增员计划。联盟成员单位将扩容至108家,涵盖传统金融、类金融、商务商业等多个领域企业,扩大小镇影响力。第二,建立特色企业服务品牌。依托远洋国际中心、绿地中央广场等重点楼宇,升级楼宇智慧化管理系统,配套建立楼宇物业"金牌管家"制度,实现政府、楼宇业主、入驻企业多方共赢。第三,深化金融服务理念。高标准举办形式多样的线上线下产业论坛、路演活动等,充分发挥金融活水作用,灌溉实体经济。第四,做优做实扶持政策。进一步精准对接企业需求,推进外资银行、证券、保险、期货等机构的专项政策制定,加快开展专项招商。

(三)坚持夯实制度建设,全面落实队伍管理

第一,加强党风廉政建设。坚持党风廉政建设和反腐败工作,打造一流铁军。深入开展主题教育活动,切实加强队伍工作作风。坚持监督管理制度,严格管理、严格监督,形成求真务实的优良作风。第二,完善规范小镇制度。牢固树立制度意识,切实加强制度建设,通过建立完善规章制度,进一步强化队伍管理。第三,构建小镇队伍培训体系。策划参与国际会议活动、企业交流、内部培训等,拓宽工作视野,优化工作实效。

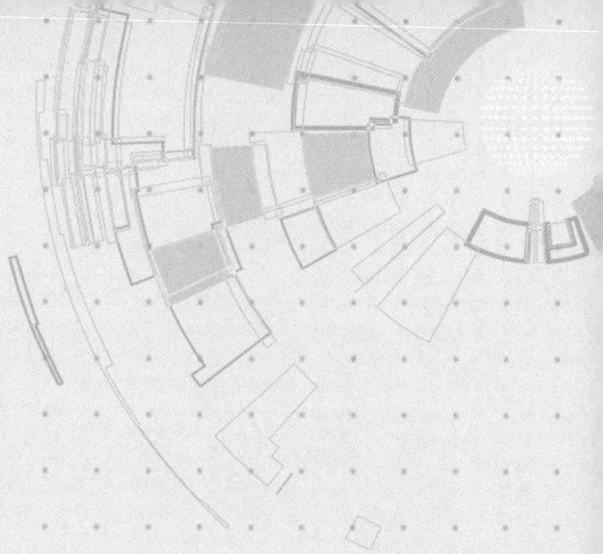

规 划 调 研 篇

长三角绿色金融一体化发展现状、
问题与建议

中国人民银行杭州中心支行

习近平总书记提出的"3060目标",是我国对世界的庄严承诺,也是下一步我国产业结构调整和国民经济发展的硬约束。绿色金融作为资源配置的有效手段,是推动生态文明建设、实现绿色低碳发展的重要举措。探索和推动长三角绿色金融一体化发展,促进绿色金融资源要素跨区域流动与有效配置,对于加快推进长三角高质量一体化发展、助力长三角率先实现碳达峰、碳中和具有重要的现实意义。

一、长三角绿色金融发展走在全国前列

近年来,长三角地区经济结构持续优化,绿色转型投融资需求较为旺盛,绿色金融市场呈现健康、快速发展态势。

(一)绿色贷款规模约占全国四分之一

截至2020年末,我国绿色贷款余额近12万亿元,位居世界第一;长三角地区绿色贷款余额合计近3万亿元,约占全国绿色贷款余额的四分之一。其中,江苏、浙江两省的绿色贷款规模相对较大,分别占长三角绿色贷款规模的40.7%和34.8%,占各自所有贷款的比重分别为7.55%和7.04%(见图1)。绿色贷款质量整体较好,长三角绿色贷款不良率为0.13%,明显低于各项贷款不良率。

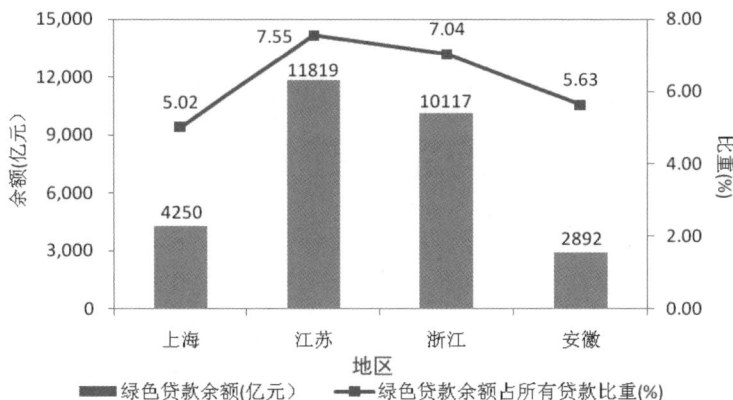

图1　长三角三省一市绿色贷款规模情况（截至2020年末）

数据来源：长三角绿色金融信息管理系统。

（二）绿色债券累计发行额约占全国五分之一

截至2020年末，我国累计发行绿色债券约1.2万亿元，仅次于美国，位居世界第二；长三角地区累计发行绿色债券251只，发行金额合计2144.07亿元，分别占全国绿色债券发行数量和总额的23.2%和17.9%。其中，江苏、浙江两省绿色债券发行规模相对处于领先地位，分别占长三角地区发行总额的40.7%和29.0%（见图2）。

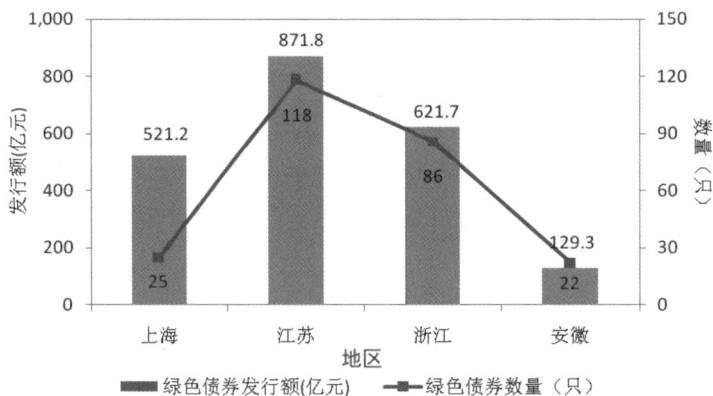

图2　长三角三省一市绿色债券发行情况（截至2020年末）

数据来源：Wind数据库。

（三）绿色基金等新模式新业态稳健发展

2016年底,安徽省黄山市设立全国首个跨省流域绿色基金——新安江绿色发展基金[1],首期规模20亿元,主要投向生态治理和环境保护、绿色产业发展等领域。浙江湖州、衢州自2017年6月获批国家绿色金融改革创新试验区以来,已累计设立绿色基金规模达225.3亿元;在全国首创安全生产和环境污染综合保险等绿色保险创新产品,2020年绿色保险承保金额达到840.6亿元。2020年7月,财政部、生态环境部和上海市共同发起设立国家绿色发展基金,首期规模达885亿元,其中长三角三省一市财政、金融机构及环保企业共同出资238亿元,占比达26.9%。

（四）环境权益交易市场建设成效明显

在碳排放权交易方面,上海是我国首批7个碳排放权交易试点省市[2]之一,并承担全国碳市场交易系统与交易机构的筹建和运营工作。截至2020年末,上海CCER(国家核证减排量)交易超过1.1亿吨,交易量占全国40%以上。在排污权交易方面,浙江、江苏均为全国首批排污权交易试点省份[3],已有10年以上的排污权交易实践,是排污权交易最活跃的地区。2020年,浙江排污权成交量达1.15万吨,成交额达3亿元,居全国前列。

二、长三角绿色金融一体化探索与实践

随着长三角一体化国家战略实施和推进,长三角区域金融协同发展驶入

---

① 新安江绿色发展基金由安徽省黄山市财政局、市信投集团、市环保局与国开证券、国家开发银行安徽分行、中非信银(上海)股权投资管理有限公司、浦发银行合肥分行共同创立,旨在通过市场机制,引入社会资本服务生态建设,形成新安江流域社会化、多元化、长效化的保护和发展模式。

② 国家发改委于2012年1月批准北京、天津、上海、重庆、广东、湖北、深圳开展碳排放权交易试点。

③ 从2007年开始,财政部、原环保部和国家发改委批复天津、河北、山西、内蒙古、江苏、浙江、河南、湖北、湖南、重庆和陕西11个省市开展排污权交易试点。

快车道,在绿色金融一体化方面的合作交流也日益活跃。

(一) 以示范区建设为载体探索绿色金融一体化

2019年10月,国务院批复设立长三角生态绿色一体化发展示范区,为长三角绿色金融一体化实践提供了重要的平台和载体。一体化示范区总体方案提出,要推进要素资源跨区域交易,在一体化示范区建立土地使用权、排污权、用能权、产权、技术等要素综合交易平台,研究建立区域交易合作机制。2020年3月,中国人民银行上海总部会同长三角生态绿色一体化发展示范区执委会等12个部门进一步出台《关于在长三角生态绿色一体化发展示范区深化落实金融支持政策推进先行先试的若干举措》,提出要推进一体化绿色金融服务平台建设,建立一体化示范区绿色金融支持政策超市,加快建立一体化示范区绿色发展项目库。

(二) 以长三角合作机制为依托推进绿色金融基础设施互联互通

2019年4月,中国人民银行上海总部牵头筹备建立了"金融服务长三角高质量一体化发展合作机制",在此框架下,江苏、浙江、安徽和上海三省一市人民银行分支机构紧密合作,以专题工作组方式共同推进金融服务长三角高质量一体化发展。2020年,长三角合作机制首次将绿色金融纳入合作专题工作内容,并由人民银行杭州中心支行牵头建设长三角绿色金融信息管理系统,目前系统已完成一期建设,初步实现长三角地区绿色金融统计数据的互联互通。2021年,人行杭州中心支行将进一步依托长三角合作机制,会同其他二省一市人民银行共同推进系统二期建设,并研究推进长三角金融机构环境信息披露、推动建立长三角绿色金融发展联盟。

三、长三角绿色金融一体化发展存在的短板

(一) 缺少跨区域、跨部门的绿色金融统筹发展机制

虽然三省一市人民银行建立了长三角合作机制,并逐步加强在绿色金融

领域的合作交流,但这一机制缺少政府相关部门的积极参与,难以形成跨区域、跨部门的重大绿色金融改革创新。另一方面,由于缺少强有力的统筹协调机制,绿色金融改革创新经验难以复制推广,如作为全国绿色金融改革试验区的浙江湖州、衢州,已初步形成一批可复制可推广的经验成果,但难以迅速在长三角地区全面复制推广。

(二)绿色金融基础设施互联互通有待加强

在碳排放权交易方面,一方面,要积极发挥全国碳交易市场落户上海的关键优势,抓紧建立苏、浙、皖三省对接全国碳交易市场的有效机制。另一方面,针对全国碳交易市场未能覆盖的领域(能耗低于1万吨标准煤的企业),长三角地区也可以率先探索建立跨区域的碳交易机制。在排污权等其他环境权益交易方面,各地市场分割,市场定价功能尚未有效发挥。如浙江、江苏两地的排污权定价差别较大,2021年3月,浙江省排污权交易平均价格为2.86万元/吨,而江苏省同期仅为5000元/吨。

(三)绿色金融资源跨区域流动还不通畅

一是长三角地区金融机构尚未建立跨区域的运营管理模式,如在设立长三角地区管理总部、统筹三省一市业务方面进展缓慢。

二是缺乏统一的绿色金融标准体系,使得金融机构在绿色项目识别、风险定价等方面存在明显地域差异,难以形成同城化的绿色金融业务模式。

三是长三角绿色金融信息共享机制尚未健全。目前长三角三省一市虽已初步实现绿色金融统计信息共享,但缺少绿色企业、绿色项目等信息的共享机制,不利于绿色金融跨区域发展。

四、推动长三角绿色金融一体化发展的政策建议

(一)建立长三角绿色金融统筹发展机制

一是设立绿色金融专题工作组。在长三角合作机制协调委员会基础上,由三省一市人民银行牵头设立长三角绿色金融专题工作小组,建立相应的联

动协同合作机制。成员单位包括三省一市银保监、证监、地方金融监管、发展改革、生态环境、财政等部门,统筹推进长三角绿色金融一体化。

二是编制长三角绿色金融一体化发展中长期规划。围绕国家赋予长三角一体化发展的战略定位,聚焦碳达峰、碳中和目标,组织编制长三角绿色金融一体化发展五年规划,明确总体目标、重点任务以及推进举措,构建有利于长三角绿色金融发展的政策支撑体系。

三是构建长三角统一的绿色金融标准体系。在全国金标委绿色金融标准工作组的指导和支持下,推动国家绿色金融标准在长三角地区率先试用。同时,在暂时缺少国家标准的领域,由三省一市人民银行牵头建立长三角统一的绿色金融规范。可以借鉴浙江湖州、衢州绿色金融改革试验区的成功经验,将地方绿色金融规范升级为长三角绿色金融规范。

(二) 加快长三角绿色金融基础设施互联互通

一是推动环境权益市场一体化。要加快苏、浙、皖三省与全国碳交易市场的对接,同时探索能耗低于1万吨标准煤企业的碳交易机制。推动长三角排污权市场的互联互通,逐步形成长三角一体化的环境权益市场。

二是以长三角绿色金融信息管理系统为基础打造信息共享平台。完善长三角绿色金融信息管理系统建设,实现长三角绿色企业、绿色项目等信息的汇聚、整合和共享。推动系统与长三角各省(市)政府大数据中心、通讯运营商、社交网络服务商等对接,实现长三角绿色公共信息共享共用。

(三) 推动长三角绿色金融服务同城化、一体化

一是建立长三角绿色项目库。研究制定长三角统一的绿色项目认定标准,在此基础上由三省一市发展改革部门牵头构建长三角绿色项目库。推动设立长三角绿色发展基金,重点投向长三角绿色低碳企业和项目。

二是推进长三角金融机构环境信息披露。由三省一市人民银行会同银保监局等部门,分地区、分批次、分层次、分步骤推动长三角地区金融机构开展环境信息披露,加强环境风险分析和管理能力。

聚焦"三个重点",促进"三个畅通"
浙江银行业保险业助力双循环新发展格局

浙江银保监局

加快形成以国内大循环为主体、国内国际双循环相互促进的新发展格局,是当前及未来相当一段时期内宏观经济及金融工作的首要主题。为助力我省在构建新发展格局上率先行动、率先破题,浙江银保监局指导辖内银行、保险机构聚焦"三个重点",促进"三个畅通",通过自身金融服务水平的提升,着力夯实打造"双循环"格局的金融基础。

一、"链"字攻坚疏堵点,促进产业循环畅通,恢复生产力

(一)缓解资金链痛点,畅通市场主体资金微循环

在引导金融机构持续加大信贷投放的同时,狠抓中期流贷服务增量、提质、扩面,有效降低企业转贷次数和成本,助力企业守好资金链防线。截至2020年三季度末,辖内中期流贷惠及户数10.06万户,增长77.8%。其中,分别惠及制造业企业和小微企业4.7万和8.6万户,增速分别达67.3%和79.2%。目前,辖内中期流贷服务余额达8050.2亿元,较年初增加2625亿元,增速48.4%,高于全部流贷33.4个百分点。其中,制造业中期流贷增速(56.2%)分别快于中期流贷和全部流贷平均增速7.8和41.2个百分点。

(二)修复供应链断点,畅通产业上下游金融内循环

在26家浙江核心企业、96家省级试点企业以及9个城市推动探索供应链金融创新试点,重点依托加大对头部企业的金融支持,加快推动产业链上下游、产供销、大中小企业各环节协同发展,有序推动全产业链条"运转起来"。截至三季度末,辖内银行机构已为3万家产业链核心企业提供4.2万亿元周转

资金,为15.5万家上下游中小微企业提供信贷支持1.5万亿元;其中纳入重点跟踪监测的供应链金融核心企业459家、上下游小微企业8326家,涉及授信总额3055亿元、表内外融资余额1364亿元。

(三) 疏通物流链堵点,畅通重点区域经济循环

积极响应国家"引导金融机构加强对物流企业融资支持"的政策号召,鼓励银行机构主动对接省重点建设项目,以多种方式加强对民营企业参与交通基础设施建设的融资支持力度。截至三季度末,全省银行业对交通运输、仓储和邮政业投放贷款余额合计7332亿元,较年初增长12.2%。货运险保费和货运险赔付支出分别实现增长17%和27.6%,分别高于去年同期12.2和19.1个百分点,全力保障区域经济循环物流链畅通。

二、"转"字发力攻难点,促进市场循环畅通,培育竞争力

(一) 力挺出口转内销,维稳外贸基本盘

坚决贯彻落实省委省政府稳外贸等政策要求,督促银行保险机构通过完善金融服务、提升转内销便利化水平、加强融资支持和优化保险保障等举措,多渠道支持出口转内销。截至三季度末,全省银行业对出口转内销企业授信724亿元,贷款余额443.7亿元,分别同比增长31.5%和49%;其中,通过供应链融资为出口转内销企业发放贷款36.7亿元,增速超116%。供应链融资项下应收账款融资金额和订单融资金额分别为21.8亿元和7.8亿元,分别较去年同期增长68.4%和19%。

(二) 力促产业转型,助推高质量发展

大力引导辖内银行机构提升制造业技术改造贷款信贷服务能力,拓展各规模层级的产业紧密型并购项目业务,并要求保险机构积极开发支持科创型高新技术产业发展壮大的产品,精准支持我省经济转型升级。截至三季度末,辖内制造业技改贷款余额519.4亿元,分别较年初和上年同期增长46.8%和70.5%。全省银行业境内并购贷款同比增长16.7%,高于整体并购贷款增速

7.7个百分点;对信息传输、软件和信息技术服务业投放贷款较年初增长26.1%,增幅高于去年同期17.5个百分点。承保航空航天、核能、新材料等"高价值、高技术、高风险"的特殊风险保险保费同比增长25.9%,较去年同期提升38个百分点。

(三)力助经营转向,帮促企业复生机

在疫情影响的特殊时期,鼓励银行机构主动对接有转产诉求的企业,按照"急事急办、特事特办"的原则,简化办理流程,开辟绿色通道,帮助企业渡过经营困境。如中信银行杭州分行提供1500万专项贷款并减免200余万元利息,帮助富阳某纺织龙头企业顺利转产口罩生产。建设银行舟山分行帮助舟山东海渔嫂水产公司在该行商户服务云平台"惠点单"上线"东海渔嫂"系列产品,上线13天累计成交1200余单,销售大黄鱼1.1万余条。稠州银行充分利用自身科技平台优势,帮助4000多家企业建立起"生产资料互联网销售平台"并为其提供专项金融产品,有效促进了企业由线下销售向线上电商的快速转向。

三、"民"字用功破节点,促进经济社会循环畅通,提升保障力

(一)聚焦民生保供应,全力支持粮油肉产品稳产保供

督促辖内重点涉农机构发挥资金和政策优势,当先导、补短板、逆周期,为粮油生猪高效率流通、高品质储存提供充足资金保障。截至三季度末,全辖银行业金融机构为10055户养殖户及其上下游产业提供生猪产业贷款15859笔、余额86.2亿元,余额较年初增长46.7%。全辖保险公司提供生猪风险保障87.5亿元,惠及养殖户2.98万户次,累计支付赔款2.55亿元。截至2020年底,农发行浙江省分行累计发放仓储设施贷款20亿元,支持仓储设施项目51个,新增仓容231万吨;农行浙江省分行粮食流通领域贷款余额超10亿元。

（二）聚焦民愿促民生，全力支持企业稳岗保就业

与省地方金融监管局共同牵头，多部门联动，全力推进"双保"应急融资试点工作，精准支持吸纳就业较多且融资有困难的企业，扎实推动稳就业、保收入工作落实落地。截至10月15日，累计向894户中小企业发放应急贷款22.9亿元，累计支持就业7.6万人，每家企业平均支持就业85人。辖内银行机构已储备6家机构共8个大中型企业应急融资项目，涉及融资金额55.7亿元。

（三）聚焦民盼助脱贫，全力支持农民增收致富

督促银行保险机构落实责任，主动担当，切实加大扶贫信贷投放和保险风险保障力度，最大限度减少疫情对脱贫攻坚工作的影响，减缓农民因疫返贫的风险压力，为低收入群众撑好金融扶贫"保护伞"。截至三季度末，辖内精准扶贫贷款余额295亿元、14.63万户；扶贫小额信贷余额6.89亿元、2.21万户。小额人身保险参保户和政策性农业参保农户分别为397.7万户和74.5万户，分别提供风险保障5561亿元和367亿元。重点保险机构承保农作物面积和金额分别增长10.11%和18.54%。推出的87个地方特色险种已启动投保66个。6个地市33个县（区市）的近50万名低收入农户群体已可享受低农保险保障服务，风险保障金额超400亿元。

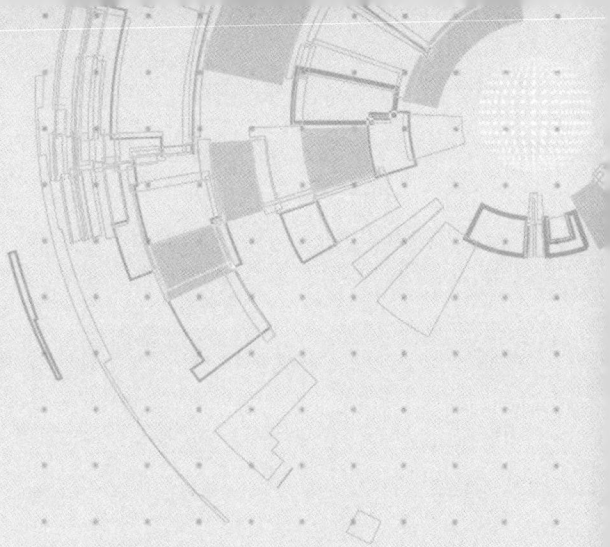

政　策　篇

中国人民银行杭州中心支行　中国银保监会浙江监管局关于防控新型冠状病毒感染肺炎疫情加强小微企业金融支持的意见

杭银发〔2020〕22号

针对当前小微企业受新型冠状病毒感染肺炎疫情影响较大的实际情况，为深入贯彻习近平总书记关于坚决打赢疫情防控阻击战的重要指示精神，认真贯彻落实人民银行等五部委《关于进一步强化金融支持防控新型冠状病毒感染肺炎疫情的通知》(银发〔2020〕29号)以及省委省政府的决策部署，进一步加大对我省小微企业的金融支持力度，助力稳企业、增动能、补短板、保平安，推动浙江经济高质量发展，现提出如下意见。

一、加强小微企业金融总量保障。贯彻落实稳健的货币政策，加强逆周期调节，引导金融机构加大对实体经济的信贷投放，全省社会融资规模增速与经济增长相匹配，贷款增速有效高于全省生产总值名义增速。进一步加大对小微企业的金融政策倾斜力度，当前，各金融机构要着重强化对疫情防控、受疫情影响遇到困难、复工复产和涉外领域小微企业的金融支持。2020年，全省普惠小微企业贷款增速要高于各项贷款平均增速，小微企业贷款占全部贷款的比重进一步提高，小微企业贷款增量高于上年。小微企业领域首贷、信用贷和无还本续贷明显提升。

二、多渠道满足金融机构支持小微企业的资金需求。通过定向降准注入低成本资金，引导地方法人金融机构将降准释放资金全部用于普惠小微企业。充分利用再贷款、再贴现等货币政策工具定向支持、利率优惠、操作便利的优势，指导金融机构加大对受疫情影响的小微企业信贷支持力度。对积极参与疫情防控的地方法人金融机构，优先支持其发行永续债等资本补充债券，发行小微企业专项金融债、同业存单、大额存单等主动负债，提高资本充足率，拓宽资金来源，增强小微企业信贷投放能力。

三、加强央行专项再贷款支持。运用疫情防控专项再贷款资金，支持杭州银行、宁波银行和杭州联合银行等法人金融机构向直接参与疫情防控的省级重点名单企业提供优惠利率的信贷支持,确保企业融资需求第一时间保障到位。9家全国性银行在浙分支机构要积极向上争取专项再贷款额度,加大对国家级重点企业的支持。对支持疫情防控信贷投放力度大、贷款审批效率高、信用贷款占比高、企业贷款利率优惠的金融机构优先给予再贷款额度倾斜。

四、优先满足疫情防控应急物资及生活物资生产领域小微企业的资金需求。对生产、运输和销售应对疫情使用的医用防护服、医用口罩、医用护目镜、新型冠状病毒检测试剂盒、负压救护车、消毒机、消毒液、红外测温仪和相关药品等重要医用物资,以及重要生活物资相关的小微企业,各金融机构要主动了解资金缺口,安排专项信贷额度,优先给予资金保障。积极运用供应链金融等方式,对疫情防控应急物资和生活物资保障重点企业的上下游小微企业加大供应链金融支持力度。

五、加强对受疫情影响困难企业的融资帮扶。对受疫情影响较大的批发零售、住宿餐饮、物流运输、文化旅游、农业养殖等行业,以及有发展前景但受疫情影响延迟开工、暂遇困难的小微企业及个体经营户,合理采取延期还款、分期还款、展期、无还本续贷等措施,帮助企业渡过难关、恢复生产经营。不得盲目抽贷、断贷、压贷,不得随意下调企业信用等级和授信额度。

六、全力保障小微企业复工复产金融需求。摸排小微企业、小微企业园区复工复产情况,主动在企业复工复产前开展对接、提供金融服务方案,确保疫情防控期间小微企业存量授信融资稳定。对小微企业复工复产融资需求给予有针对性、差异化、条件优惠的信贷政策,多种途径为小微企业提供流动资金贷款,支持企业厂房租赁、原材料和设备采购、薪资支付等方面资金需求,全力保障企业正常生产经营,维护社会就业稳定。

七、高效做好涉外企业金融服务。对因疫情影响导致出口订单受到影响、出口收汇延迟的小微企业,在外汇管理上给予一定的容忍度和宽限期。指导银行机构专设疫情防控外汇服务绿色通道,对疫情相关外汇业务特事特办,简化疫情防控物资进口购付汇业务流程,便利防疫物资进口和用汇需求。与疫情防控有关的其他特殊外汇及人民币跨境业务,银行可先行办理、事后检查。鼓励扩大出口信用保险额度、覆盖面和渗透率,做好防疫物资进口的保险保障工作,对受疫情影响较重、符合条件的小微出口企业做到应保尽保、能保尽保。

八、创新提供针对性金融产品。鼓励开发针对性信贷产品,进一步提高小微企业信用贷款占比,满足疫情防控期间及疫后小微企业专项资金需求。加大应收账款、存货、仓单等质押融资支持力度,支持小微企业盘活因疫情积压的应收账款和存货,缓解企业流动资金压力。创新股权、专利权、商标权等抵押担保方式,大力支持疫情防控相关的科创型小微企业。进一步提高小微企业信用贷款占比,鼓励为小微企业提供中期流动资金贷款,延长贷款期限,更好匹配生产经营周期。

九、提前对接小微企业续贷需求。各银行业金融机构要逐月梳理形成小微企业贷款到期情况清单,对近期有贷款到期的小微企业,要提前沟通联系,确保有续贷需求的小微企业应续尽续,并在贷款到期当天完成续贷。鼓励运用无还本续贷、循环贷、中期流动资金贷款等方式,延长贷款期限、降低转贷成本,更好匹配企业生产周期。力争全省2020年小微企业无还本续贷余额新增超过1000亿元。

十、进一步降低小微企业融资成本。发挥好贷款市场报价利率(LPR)对贷款利率的引导作用,提高LPR运用占比,积极争取内部资金转移价格优惠,对疫情防控相关和受疫情影响的小微企业适当下调贷款利率,主动减免金融服务手续费,能减则减、能免则免。对因疫情影响产生逾期的小微企业贷款,减免逾期利息、罚息和违约金。持续推进无还本续贷、循环贷等还款方式创新,充分发挥应急转贷资金的作用,支持受疫情影响的小微企业转贷,推动转贷成本持续下降,不断降低小微企业综合融资成本,2020年全省普惠小微企业贷款综合融资成本较上年降低0.5个百分点。

十一、切实保障小微企业征信相关权益。全省各级人民银行和金融信用信息基础数据库接入机构要合理调整逾期信用记录报送,对因疫情影响的小微企业未能及时还款的,经接入机构认定,相关逾期贷款可以不做逾期记录报送,已经报送的逾期贷款予以调整,切实做好企业信用保护。对受疫情影响还款方案重新调整的小微企业,可依调整后的还款安排,报送信用记录。

十二、扎实推动银企精准对接。各金融机构要主动对接疫情防控领域国家和省级等重点企业名单,确立专人联系制度,实行全覆盖摸排,深入了解融资需求,优先给予资金保障,建立贷款发放台账。持续开展"三服务"活动,深化"百地千名行长进民企""百行进万企"等融资对接活动,逐一对接排查小微企业受疫情影响情况及困难需求,建立疫情防控生产保障类小微企业和受疫情影响其他类小微企业"两张清单",以及问题解决台账。对前期已对接的小微企业开展"再对接",了解企业在疫情防控新形势下有否新的融资需求。充分利用浙江省企业信用信息服务平台、浙江省金融综合服务平台和应收账款融资服务平台、动产融资登记公示系统、保证贷款登记系统功能,引导有融资需求的企业开展线上对接。

十三、建立快速应急响应机制。各金融机构要按照特事特办、急事急办原则,建立应急响应机制。以"授权清单""授信清单""尽职免责清单"三张清单为抓手,落实"减环节、减时间、减材料",对疫情相关小微企业的融资需求,要开通快速审批通道,下放审批权限,更多运用线上审批模式,精简申贷材料,提高审批效率,确保资金第一时间到位。对受疫情影响导致无法及时还款的小微企业贷款,要减免基层信贷员责任。

十四、加大保险服务保障力度。各级银保监部门要引导督促保险机构做好疫情防控生产保障小微企业、其他受疫情影响受损小微企业等保险理赔服务工作,简化理赔手续,妥善安排疫情期间企业保险续期缴费。鼓励针对疫情防控适当扩展已有险种的责任范围,研发小微企业专属保险产品和服务,加强企业保险、责任、信用、保证及员工健康养老等方面的保险供给和保障力度。加强银保合作,向受疫情影响的小微企业提供预付款保险、信用保证保险、保单质押贷款等产品。

十五、深化银行与政策性担保合作。加强银行与政策性融资担保机构对接,充分发挥政策性担保融资增信、风险分担、降低成本优势。梳理一批受疫情影响、有融资需求的小微企业名单,强化银担合作,开发适合的金融产品和担保组合,进一步提高融资效率及惠企减负水平,强化小微企业金融服务的可得性,扩大小微企业服务的覆盖面。

十六、完善考核评价机制。提高受疫情影响小微企业的不良贷款容忍度,对受疫情影响的基层分支机构适当降低经营利润和不良贷款考核要求,鼓励分支机构对小微企业要敢贷、愿贷。人民银行杭州中心支行、浙江银保监局对金融机构在疫情防控期间支持小微企业的工作情况和成效进行监测,相关情况纳入万家民企评银行、小微企业金融服务考核评价、金融机构综合评价、监管评级等考核体系，并通过适当方式进行通报。

中国人民银行杭州中心支行
中国银保监会浙江监管局

2020年2月6日

中国人民银行杭州中心支行　中共浙江省委统战部　浙江省工商业联合会关于在全省开展"百地千名行长助企业复工复产"专项行动的通知

杭银发〔2020〕27号

为深入贯彻习近平总书记关于坚决打赢疫情防控的人民战争、总体战、阻击战的重要指示精神,认真落实省委省政府《关于坚决打赢疫情防控阻击战　全力稳企业稳经济稳发展的若干意见》和"三服务"的要求,做好金融支持企业复工复产工作,中国人民银行杭州中心支行、省委统战部、省工商联决定,在全省联合开展"百地千名行长助企业复工复产"专项行动,深化"万家民企评银行"活动。现将有关事项通知如下。

一、总体要求

针对当前疫情影响背景下企业复工复产的融资需求,充分发挥金融机构的主体作用,发挥统战部门统筹协调和工商联的桥梁纽带作用。组织各级人民银行、统战部门、工商联和金融机构以高度的责任担当,通过走访、摸排、调研、服务,做好金融支持企业复工复产工作,助力稳企业稳经济稳发展。

二、实施时间

2020年2月至4月。

三、服务对象

(一)疫情防控应急医药物资及生活物资生产、运输和销售领域的重点企业;

（二）"菜篮子""米袋子"等民生物资保障企业；

（三）受疫情影响较大的制造业、批发零售、住宿餐饮、物流运输、文化旅游、农业养殖等行业的民营和小微企业；

（四）受疫情影响较大的外贸型民营和小微企业。

四、参加单位

本次专项行动由人行杭州中心支行、省委统战部、省工商联共同组织，国家开发银行浙江省分行、政策性银行浙江省分行、国有银行浙江省分行、浙商银行、浙江省农村信用社联合社、交通银行浙江省分行、股份制商业银行杭州分行、邮政储蓄银行浙江省分行、城市商业银行、农信机构、村镇银行等共同参与。

五、服务内容

组织全省金融系统行长1千名左右，省市县三级联动，调研访问复工复产的民营和小微企业，加强优惠政策宣传，提前摸排和对接企业融资需求，主动提供金融解决方案，支持企业尽快正常生产运转，为稳企业、稳经济、稳发展提供有力的金融保障。

（一）提前摸排融资需求。全省各级人民银行、统战部门、工商联、金融机构要建立横向到边、纵向到底的双线联动机制，落实属地管理责任，采取网格化服务模式，与筛选出的名单企业逐个对接，实现双线、全覆盖、拉网式摸排企业融资需求，并保持动态跟踪回访。对接过程中，要全面了解企业复工复产状况和资金需求情况，倾听企业实际诉求，摸清企业当前面临的主要困难及其原因，掌握企业复工复产各方面、各阶段的金融需求。

（二）加强货币信贷政策工具支持。各级人民银行和相关金融机构要积极访问对接我省直接参与疫情防控的重点名单企业，加强央行疫情防控专项再贷款政策宣传，引导企业积极运用优惠利率贷款政策，降低融资成本。加大支农支小再贷款和再贴现资金运用，优先用于支持复工复产急需资金的小微企业和农户，并给予利率优惠。

（三）提升授信审批效率。针对企业复工复产合理的融资需求,按照特事特办、急事急办原则,建立应急响应机制,落实"减环节、减时间、减材料",开通快速审批通道,简化贷款手续,提高贷款审批和发放效率,确保资金第一时间到位。对疫情防控重点保障企业的融资需求,在符合信贷条件的前提下,原则上2个工作日内发放到位;对企业复工复产急需的融资申请,在符合信贷条件的前提下,原则上3个工作日内给予答复。

（四）适当延长贷款期限。鼓励金融机构在"一级响应"期间,对受疫情影响较大、暂遇还款困难的民营和小微企业,相关贷款原则上展期至"一级响应"结束后,不计入逾期信用记录。提升中长期贷款占比,延长贷款期限,更好匹配企业生产周期。对近期有贷款到期的企业,提前沟通联系,确保有续贷需求、符合续贷条件的企业应续尽续,原则上在贷款到期当天完成续贷。

（五）进一步降低融资成本。鼓励金融机构在"一级响应"期间,对实体企业特别是普惠小微企业免除贷款利息,对疫情防控相关和受疫情影响的企业适当下调贷款利率,主动减免金融服务手续费。对因疫情影响产生逾期的实体企业贷款,减免逾期利息、罚息和违约金。持续推进无还本续贷、循环贷等还款方式创新,推动转贷成本持续下降。

（六）合理减免担保条件。对企业复工复产的融资需求,鼓励金融机构发放信用贷款,在"一级响应"期间无法落实担保条件的,可以先放款,待疫情结束后再协调落实。加强银行与政策性融资担保机构对接,推动各级政策性担保取消反担保要求,降低担保费率。开发适合的金融产品和担保组合,进一步提高融资效率及惠企减负水平。

（七）创新提供针对性金融产品。针对企业产能恢复情况、订单情况以及实际资金需求,设计个性化融资方案,运用贷款、债券、票据等多种金融工具满足企业融资需求。支持有技术、有市场、有前景的民营企业发行债务融资工具。多种途径为企业提供流动资金贷款,支持企业厂房租赁、原材料和设备采购、薪资支付等方面资金需求。加大应收账款、存货、仓单等质押融资支持力度,支持企业盘活因疫情积压的应收账款和存货,缓解流动资金压力。

（八）做好外贸企业外汇金融服务。对因疫情影响导致出口订单受到影响、出口收汇延迟的企业,在出口收汇期限上予以放宽,在收结汇、售付汇、跨境人民币结算方面提供便利化措施。开辟外汇管理和跨境人民币业务"绿色通道"，对受疫情影响外贸企业的外汇及跨境人民币业务，允许银行先行办理，事后核查。

六、工作要求

（一）高度重视，精心组织。全省人民银行、统战部门、工商联和金融机构要形成省、市、县三级联动，发挥全系统力量，以高度的使命感和责任感，落实好本次专项行动。人民银行各分支行要联合当地统战部门、工商联组织辖内金融机构开展实施。参与金融机构要根据当地人民银行、统战部门和工商联的统一部署和要求，加强组织领导，落实"一把手"负责制，建立工作专班，落实专人负责，深入开展专项行动。

（二）因地制宜，分类施策。各单位要根据当地疫情防控实际情况，实施差异化的调研访问方式，确保落实疫情防控要求和支持企业复工复产"两不误"。对疫情防控高风险区域，主要采取线上对接、视频连线、远程访问等方式，摸排了解企业融资需求，通过手机银行、网上银行落实融资支持，避免人员频繁接触和聚集。对疫情防控中低风险区域，要在防护到位、安全有序的前提下，主动深入一线和基层，科学合理安排上门走访，现场做好融资对接和服务。

（三）统筹协调，分工合作。全省各级统战部门要统筹抽调有关部门的重点和困难企业清单，各级工商联要梳理调研走访企业推荐名单，将有融资需求的企业名单（含企业名称、地址、主营业务、负责人及联系方式、合作银行、融资需求等信息）于2月底前提供给当地人民银行。人民银行分支行根据统战部门、工商联推荐名单，组织辖内金融机构开展调研访问［参与银行要覆盖辖内50%以上的一级支行（含）以上机构］，每名行长调研访问1～3家企业，同时避免多头访问同一家企业。各金融机构在统战部门、工商联推荐名单基础上，可根据各行实际增加调研访问企业数量。

（四）转变作风，务求实效。活动中要严格执行中央八项规定精神和疫情防控要求，避免干扰企业正常工作和防疫措施，不给企业增加负担，不走过场，切实做到"办实事、求实效"，实打实帮助企业解决问题，并建立问题清单和解决台账。要以本次专项行动为契机，进一步剖析民营和小微企业融资的难点和痛点,梳理经验,形成思路,提出针对性建议,持续优化民营和小微企业金融服务。各级人民银行、统战部门、工商联要深入参与专项行动,选择部分企业与金融机构共同调研访问,加强指导,帮助协调,提出方案,确保工作成效。人行杭州中心支行和省委统战部、省工商联将组织对调研访问企业进行抽查回访,评估访问成效。

请各金融机构自2020年3月2日起按周将专项行动工作进展小结及汇总表格报送当地人民银行(各在杭金融机构要将自身层面及杭州市主城区一级支行及以上机构行长的访问情况汇总后报送人行杭州中心支行)。请人民银行各市中心支行、杭州市辖各支行及时将本通知转发至辖内相关金融机构,做好辖区专项行动组织实施工作,并于2020年3月2日起按周将工作进展小结及汇总表格报送人行杭州中心支行,并抄送当地统战部门、工商联。

中国人民银行杭州中心支行

中共浙江省委统战部

浙江省工商业联合会

2020年2月21日

中国人民银行杭州中心支行办公室关于做好存量浮动利率贷款定价基准转换工作的通知

杭银办〔2020〕30号

人民银行各市中心支行、杭州市辖各支行,国家开发银行浙江省分行,各政策性银行浙江省分行,各国有商业银行浙江省分行,浙商银行,交通银行浙江省分行,各股份制商业银行杭州分行,邮政储蓄银行浙江省分行,杭州银行,浙江网商银行,各城市商业银行杭州分行,杭州联合银行,各外资银行杭州分行,在杭各财务公司、信托公司、金融租赁公司、消费金融公司、汽车金融公司:

为深化利率市场化改革,进一步推动贷款市场报价利率(LPR)运用,积极稳妥推进浙江省存量浮动利率贷款定价基准转换工作,根据中国人民银行公告〔2019〕第30号等精神,现就有关事项通知如下。

一、高度重视,压实各方责任

推动存量浮动利率贷款定价基准转换为LPR是深化利率市场化改革的重要举措,有助于疏通货币政策传导机制,提升金融资源配置效率。省内人民银行各分支机构要高度重视,压实属地责任,强化业务指导,督促辖内金融机构落实主体责任,确保转换工作平稳有序完成。存量浮动利率贷款定价基准转换工作原则上应于2020年8月31日前完成。

二、周密安排,积极稳妥开展

省内各金融机构应制定完善定价基准转换工作的计划和方案,周密细致地做好转换的时间安排、方式选择和应对预案,加大科技系统、人员配备和培训等配套支持,稳步推进定价基准转换工作。转换业务办理优先采用手机银行、网上银行等线上方式。确需现场办理的,应有序分批组织办理转换,避免人员在营业场所聚集集中转换,或转换规定期限临近时集中突击转换等情况。办理转换应以合适的方式告知客户,切实保障消费者合法权益。加强舆情监测,做好处置预案,防范舆情风险和次生流动性风险。

三、强化监测,及时跟踪指导

省内人民银行各分支机构应建立定价基准转换情况的监测制度,按周监测辖内金融机构定价基准转换进度,指导督促辖内金融机构妥善做好转换工作。

各金融机构于每周一向当地人民银行报送《金融机构存量浮动利率贷款定价基准转换周报》,其中在杭各金融机构将杭州本级统计表电子版通过金融机构邮件通信系统发送至"杭州人民银行货币信贷管理处"邮箱;省内人民银行各分支机构将辖内统计表于每周一通过业务网邮箱发送杭州中心支行(货币信贷管理处)。

请省内人民银行各分支机构及时将本通知转发至辖内银行业金融机构。遇重要情况,及时报告人民银行杭州中心支行(货币信贷管理处)。

中国人民银行杭州中心支行办公室

2020 年 3 月 23 日

中国人民银行杭州中心支行关于建立小微企业"三张清单"金融服务机制的通知

杭银发〔2020〕60号

人民银行各市中心支行、杭州市辖各支行,国家开发银行浙江省分行、各政策性银行浙江省分行,各国有商业银行浙江省分行,浙商银行,浙江省农村信用社联合社,交通银行浙江省分行,各股份制商业银行杭州分行,邮政储蓄银行浙江省分行,杭州银行,浙江网商银行,各城市商业银行杭州分行,杭州联合银行:

为贯彻落实人民银行总行和省委省政府工作部署,进一步畅通货币政策传导机制,提升小微企业金融服务能力,助力深化"融资畅通工程",支持我省经济高质量发展,现决定在全省建立小微企业"三张清单"金融服务机制,有关工作通知如下。

一、总体目标

全省人民银行和金融机构要高度重视,把建立授权、授信和尽职免责"三张清单"金融服务机制作为提升小微企业金融服务能力、深入"三服务"和"融资畅通工程"的重要抓手,明确目标,压实责任,有序推进,确保"三张清单"工作在全省落实落地。各金融机构要以建立"三张清单"金融服务机制为契机,下沉服务重心,下放审批权限,提高审批效率,进一步提升小微企业金融服务质效,畅通政策传导渠道,提高融资便利性和信贷获得感,更好地支持我省实体经济高质量发展。

二、主要内容

(一)聚焦普惠型小微企业。"三张清单"重点针对普惠型小微企业(含单户授信1000万元以下小微企业、个体工商户和小微企业主)线下业务,着力提升小微企业金融服务能力。各金融机构要围绕加强小微企业金融服务定位,梳理并向社会公示授权清单和授信清单,并建立尽职免责清单。人行杭州中心支行制定"三张清单"工作考核评估办法(见附件),针对各金融机构的贯彻落实情况,强化正向激励反向约束。

(二)对外公示授权清单。各金融机构要制定针对基层行的授权清单,充分下放审批权限,提高审批效率。要针对普惠型小微企业,根据不同担保方式,按照"区别对待、逐级授权"的原则,明确并公示授权的具体标准、金额和期限等内容。原则上,线下普惠型小微企业授信审批权限要下放至市一级分行,并积极推动部分权限下放至县(市、区)支行。各金融机构可结合具体的金融产品,梳理本级和对下级行授权清单,并提出相关保障措施。

(三)对外公示授信清单。各金融机构要按照"减环节、减时间、减材料"的总体要求,明确并公示企业授信准入条件、申请材料、办理时限、办理流程等内容。推行限时答复制,对普惠型小微企业授信申请,原则上3个工作日内明确答复;对符合条件的信贷申请,原则上5个工作日完成审批手续。推广续贷提前沟通制度,对普惠型小微企业到期贷款,至少提前两周与企业沟通,在符合条件的原则上在贷款到期当天完成续贷,努力实现无缝续贷。

(四)对内公示尽职免责清单。各金融机构要抓紧细化尽职免责制度的可操作措施,形成尽职免责正面清单和负面清单报当地人民银行备案,并在系统内部公示;原则上,正面清单应尽责事项和负面清单未尽责事项均不超过10条。建立清晰明确的责任认定标准,对遵守"正面清单"且未违反"负面清单"的情况不得问责。畅通问责申诉渠道,被问责人员可在本行申请复核或提出申诉,推动形成从业人员"敢贷、愿贷"的良好氛围。各金融机构将本行问责及复核、申诉处理情况于季后月15日前报送当地人民银行。

三、工作要求

(一)加强组织领导。全省人民银行和金融机构要落实一把手负责制,明确工作目标和措施,全省一盘棋,省、市、县三级联动,平稳有序推进。各金融机构要明确牵头部门和联系人,制定实施方案,形成公示清单于2020年5

月10日前报送当地人民银行,人民银行将通过适当途径向社会发布;5月20日前,各金融机构要利用门户网站、微信公众号、营业大厅海报、当地主流媒体等多种形式,对外公示本级授权清单和授信清单,对内公示尽职免责清单。相关内容后续若有调整,应报送当地人民银行并及时在相关平台更新公示内容。各级人民银行按属地管理原则,指导辖内金融机构按本通知要求贯彻落实。已建立"三张清单"的地区和金融机构,根据本通知要求继续完善。

(二)加强工作统筹。各金融机构要把建立"三张清单"金融服务机制与提升小微企业"首贷户"比例、信用贷款比例和无还本续贷比例等工作结合起来,统筹推进,切实提升金融服务质效。各金融机构要加强宣传引导和政策解读,提高工作透明度,扩大"三张清单"影响力。各金融机构要边探索边完善,及时报告"三张清单"工作进展情况。

(三)强化考核评估。人行杭州中心支行根据"三张清单"工作考核评估办法,加强对金融机构的考核评估,将评估结果作为"融资畅通工程"、央行评级、小微企业金融服务考核评价、万家民企评银行等工作的重要参考内容(暂不对国家开发银行浙江省分行、进出口银行浙江省分行、农业发展银行浙江省分行考核评估)。对积极推动"三张清单"工作的金融机构,人民银行将加大再贷款、再贴现等货币政策工具和发债、资产证券化等金融市场工具的支持力度。对工作推动不力的金融机构,将视情况采取约谈、通报等措施。各级人民银行"三张清单"工作情况将作为年终考核的重要内容。

各金融机构应分别于2020年5月底、10月底前向人行杭州中心支行报送"三张清单"工作进展情况、总结报告。请人民银行各市中心支行、杭州市辖各支行及时将本意见转发至辖内相关金融机构,做好贯彻落实工作,并于10月底前将辖内金融机构"三张清单"工作总结报送人行杭州中心支行。

中国人民银行杭州中心支行

2020年4月22日

附件

浙江省金融机构落实"三张清单"工作考核评估暂行办法

为进一步优化营商环境,提升获得信贷便利化程度,推动"融资畅通工程",疏通货币政策传导机制,提升金融服务质效,科学评估金融机构"三张清单"工作成效,特制定本办法。

一、评估对象

各国有商业银行浙江省分行,浙商银行,交通银行浙江省分行,各股份制商业银行杭州分行,邮政储蓄银行浙江省分行,杭州银行、各城市商业银行杭州分行,浙江网商银行,杭州联合银行。

二、评估内容

考核评估包括定量考核和定性考核两部分,定量考核权重为40%,定性考核权重为60%。定性考核以金融机构推动"三张清单"工作的举措和落实情况为考核内容,共7项指标。定量考核以贷款结构、贷款覆盖面和贷款利率为考核内容,共6项指标。

三、评估方法

(一)时间要求。各参评机构根据本办法相关要求,于10月30日前上报自评报告与相关数据。各级人民银行对辖内金融机构"三张清单"工作情况进行定量、定性综合考评,确定考评等次。各参评机构应确保填报数据真实性,不得弄虚作假。人民银行将适时对数据质量进行核查。

(二)考评等次。考评结果分"优秀""良好""合格""不合格"四个等次。

原则上,"优秀"等次的机构家数不超过参评机构总数的30%,"良好"等次的机构家数为参评机构总数的50%左右。

（三）结果通报。各参评机构的考核评估结果在参评机构范围内通报,并抄送当地人民政府及参评机构上级行。

四、结果运用

（一）考核评估结果作为各级人民银行开展以下工作的重要参考依据：

1.金融机构综合评价；

2.宏观审慎评估及央行评级；

3.金融机构在浙分支机构落实货币信贷政策考核评估；

4.再贷款、再贴现等货币政策工具运用；

5.金融债、证券化等金融市场业务管理；

6.配合地方政府实施金融支持小微企业激励措施；

7.人民银行认为适用的其他业务。

（二）对被评为"优秀"的金融机构,各级人民银行在综合评价、宏观审慎评估、再贷款再贴现政策支持等方面给予激励和倾斜。人民银行杭州中心支行梳理优秀典型案例,在全省宣传推广,引导更多金融机构对标先进,提升服务质效。

（三）对被评为"不合格"的金融机构,各级人民银行视情节轻重,采取约谈金融机构主要负责人、通报、暂停办理再贷款再贴现等业务等措施,并督促相关机构限期整改。

五、其他要求

（一）各金融机构应根据本办法建立和完善自评估管理制度,加强对所辖分支机构的管理和指导,积极配合落实"三张清单"。

（二）本办法由中国人民银行杭州中心支行负责解释和修订。省内人民银行各分支机构参照执行。

中共浙江省委人才工作领导小组办公室 中国人民银行杭州中心支行 浙江省科学技术厅 浙江省财政厅 浙江省地方金融监督管理局 中国银行保险监督管理委员会浙江监管局 中国证券监督管理委员会浙江监管局 国家外汇管理局浙江省分局关于印发《关于金融支持人才创业创新的若干举措》的通知

杭银发〔2020〕68号

各设区市党委人才办,人民银行各市中心支行、杭州市辖各支行,各市科技局、财政局、金融办,各银保监分局、各直辖监管组,各证监局,外汇局各市分支局、杭州市辖各支局,各有关金融机构、各政府性融资担保公司:

现将《关于金融支持人才创业创新的若干举措》印发给你们,请认真贯彻执行。

附件:关于金融支持人才创业创新的若干举措

中共浙江省委人才工作领导小组办公室
中国人民银行杭州中心支行
浙江省科学技术厅
浙江省财政厅
浙江省地方金融监督管理局
中国银行保险监督管理委员会浙江监管局
中国证券监督管理委员会浙江监管局
国家外汇管理局浙江省分局

2020年4月27日

附件

关于金融支持人才创业创新的若干举措

为认真落实人才强省战略,全力打造人才金融生态最优省,整合放大银行、保险、证券、基金、担保等金融政策资源优势,持续加大对人才创业创新金融支持力度,努力实现"应贷尽贷、应保尽保、应投尽投、应担尽担",特就全省金融支持人才创业创新提出如下举措:

一、加强金融总量保障

(一)强化定向支持。灵活运用央行再贷款、再贴现等货币政策工具,安排专用额度,对人才企业的贷款和商业汇票,优先给予支持。

(二)拓宽资金来源。扩大金融机构双创、小微金融债发行规模,提高审批效率,募集资金定向支持人才企业融资。

二、创新银行信贷服务

(三)完善服务模式。推广"人才银行"服务模式,通过差异化考核激励、提高不良容忍率等方式,加大对人才及人才企业的金融支持。

(四)扩大授信权限。根据人才企业资信情况,单一企业贷款额度原则上初创期可达1000万元,成长期可达5000万元,资本市场挂牌企业的贷款最高额度由金融机构自主确定,可全部为信用贷款。人才凭创业计划、项目可行性认证或学历学位证明即可申请贷款。

(五)延长贷款期限。加强技术改造、中期流动资金等中长期贷款支持,合理安排授信期限和还款方式,根据贷款用途最长可达10年,可结合企业实际给予最长3年还息不还本宽限期。

(六)拓宽贷款用途。支持企业将贷款资金用于专利购买、技术引进、人才招引以及创业项目启动、并购重组等领域。

（七）加强融资创新。推广订单、仓单、应收账款等供应链融资模式，扩大专利权、商标权、股权等无形资产质押融资规模。

（八）探索投贷联动。支持商业银行与外部投资公司、各类基金开展合作，积极整合资金、信息和管理优势，探索多样化投贷联动业务。

（九）优化个贷服务。加强人才卡等消费信贷产品开发，执行优惠利率，单家金融机构最高授信可达50万元。

三、加大直接融资支持

（十）加强上市扶持。充分发挥凤凰行动投资基金作用，支持人才企业在主板、中小板、科创板、创业板上市，完善股权激励政策。

（十一）鼓励发债融资。专项支持人才创业园、小微企业园区、双创孵化园区等人才创业平台发行双创债券，募集资金定向支持人才企业培育和发展。

（十二）升级"人才板"。挂牌人才企业进入"浙江科创助力板"，可适当放宽对财务或估值要求，享受上海科创板便利政策，相关服务费用减半收取。挂牌人才企业申请发行私募可转债的，给予优先受理审核，审核反馈时间不超过10个工作日。

（十三）强化基金投资。发挥省创新引领基金作用，将人才创业项目纳入基金投资项目"白名单"给予优先支持。畅通创业投资引导基金退出渠道。

（十四）设立专项基金。研究设立鲲鹏人才基金，对产业化应用研究处于世界前沿的顶尖人才团队，采取"一事一议"方式予以支持。

四、优化其他金融服务

（十五）提供外汇便利。支持金融机构将人才企业纳入贸易外汇收支便利化试点，简化单证审核。人才企业开展跨境投融资可优先享受资本金、外债等外汇资金支付便利化政策。

（十六）创新人才保险。推进"人才创业险"等政保合作项目，鼓励开展专利保险试点，推广专利申请费用补偿保险、专利侵权保险等险种。

（十七）强化政策担保。各政府性融资担保公司为人才创业创新优先提供融资性担保，担保费率最高不超过1%/年，并降低或取消反担保要求。

五、建立健全工作机制

（十八）建立政策落实协调机制。省委人才办、人民银行杭州中心支行（省外汇管理局）牵头，省科技厅、省财政厅、省地方金融监管局、浙江银保监局、浙江证监局等相关部门参与，协调推动金融支持人才创新创业政策落地落细。

（十九）完善人才金融对接机制。经常性组织金融机构与人才进行对接，依托浙江省企业信用信息服务平台、浙江人才服务云平台、浙江省金融综合服务平台等，共享数据资源，优化线上人才金融对接服务。

（二十）优化绩效考核工作机制。指导金融机构落实尽职免责办法，完善绩效考核机制，对金融支持人才创业创新成效明显的金融机构，在政策工具、监管评级、考核评估等方面给予倾斜。

本办法所指人才企业一般系指由县级及以上党委人才工作部门认定的人才创办的企业。

中国人民银行杭州中心支行 浙江省商务厅 浙江省财政厅 国家外汇管理局浙江省分局关于金融支持浙江省外贸稳定健康发展的指导意见

杭银发〔2020〕123号

为统筹推进疫情防控和经济社会发展,做好"六稳"工作、落实"六保"任务,按照省委、省政府"两手硬、两战赢"的工作要求,根据省人民政府2020年第46次常务会议通过的稳外贸"十二条"精神,现就加大外贸企业金融支持力度,全力助推外贸企业稳订单拓市场保份额,促进我省外贸企业和开放型经济平稳健康发展,提出如下意见。

一、开展外贸企业贷款增量扩面专项行动。各金融机构要加大信贷资金向外贸行业的倾斜配置,积极向上级行争取外贸企业信贷专项额度,单列外贸企业专项信贷计划,优先支持全省年出口额2亿美元以下的骨干外贸企业和中小微外贸企业融资需求,确保2020年全省外贸企业贷款增速高于进出口增速,力争全省全年累计新发放外贸企业贷款1.5万亿元以上。大力拓展外贸企业信贷覆盖面,加大对上下游关联度高、就业涉及面广、规模体量较大的重点民营外贸企业的金融支持,主动摸排和挖掘处于成长期、有订单、有市场、有前景的骨干外贸企业和中小微外贸企业信贷需求,确保2020年外贸企业信贷覆盖面达40%以上。

二、建立外贸企业"订单+清单"常态化融资对接机制。推动"订单+清单"系统与浙江省企业信用信息服务平台深度对接,建立外贸企业融资对接库,根据企业需求和意向精准推送至相关金融机构。各金融机构要综合运用企业订单、海关及跨境结算信息,大力推广外贸企业信贷业务,优先向有订单、有市场、有融资需求的外贸企业提供优惠利率贷款支持,确保企业贷款增长与进出口增长相匹配。人民银行将建立"订单+清单"系统外贸企业融资对接报告制度,定期对各地市和金融机构融资对接情况进行通报。

三、设立外贸企业专项再贷款再贴现额度。2020年,人民银行在全省安排不低于500亿元的再贷款再贴现低息资金,定向用于支持民营和小微外贸企业。央行再贷款再贴现资金实行利率优惠,各金融机构借用支小再贷款资金发放的外贸小微企业贷款加点幅度不高于300基点,外贸小微企业票据再贴现利率为2%。优先支持外贸小微和民营企业票据,重点支持票面金额200万元以下的票据。设立外贸企业再贷款再贴现"绿色通道",对符合条件的外贸企业贷款和票据即报即审,确保央行资金高效精准直达外贸企业。对使用支小再贷款发放小微外贸企业贷款的金融机构,省财政根据促进企业融资奖励政策有关规定按不超过再贷款使用金额的0.5%比例给予贴息性奖励,鼓励各地财政通过贴息、奖励、公款竞争性存放等多种激励政策,加强对央行资金运用的配套支持。

四、实施外贸小微企业信用贷款支持计划。大力支持外贸企业获得免抵押免担保的纯信用贷款,对于地方法人金融机构2020年3月1日至12月31日期间发放的外贸型普惠小微企业信用贷款,人民银行按信用贷款的40%给予零利率资金支持,期限一年。全国性银行在浙分支机构要优化风险评估机制,注重审核第一还款来源,减少对抵押担保的依赖,支持更多外贸小微企业获得信用贷款支持,确保2020年信用贷款占比明显提高。

五、实施外贸企业阶段性延期还本付息政策。着力缓解外贸中小微企业年内还本付息资金压力,对2020年6月1日至12月31日期间到期的外贸型普惠小微企业贷款,按照"应延尽延"的要求,实施阶段性延期还本付息,最长可延至2021年3月31日,免收罚息。人民银行对地方法人银行办理的延期还本外贸普惠小微企业贷款按本金的1%给予激励。对于2020年底前到期的其他外贸中小微企业和大型国际产业链企业等有特殊困难企业的贷款,可由企业与金融机构自主协商延期还本付息。

六、扩大外贸企业境内外融资渠道。建立外贸企业债券发行"绿色通道",各金融机构要抓住发债利率较低的时间窗口,全面摸排企业发债需交清单,大力支持我省优质外贸企业发行债务融资工具。进一步做好民营企业债券融资支持工具,通过出售信用风险缓释凭证和担保增信两种模式,着力加大对民营外贸企业的发债支持。支持外贸企业利用境内外"两个市场、两种资源",通过全口径跨境融资、跨境资金池、赴境外市场发行债券等创新业务,融入境外低成本资金。加强供应金融服务,积极开展应收账款、订单、出口退税等质押融资,依托大型电商平台加强对中小微外贸企业直贷业务,加大对外贸企业出口转内销的融资支持。

七、疏通利率传导推动外贸企业降本减负。推进贷款市场报价利率(LPR)在新发放贷款中的全面应用,推动外贸企业贷款利率随LPR稳步下降,确保外贸小微企业综合融资成本比上年下降0.5个百分点。落实好省委、省政府"五减"政策措施,对暂时遇到困难的外贸企业继续减免贷款利息和费用。全国性银行在浙分支机构要积极向总行争取利率优惠政策支持,对外贸小微企业内部转移定价优惠力度不低于50个基点,地方法人金融机构要结合自身实际实施内部转移定价优惠或经济利润补贴。

八、持续优化跨境人民币结算服务。坚持"本币优先"原则,加大跨境人民币业务推动力度,推动"一带一路"、跨境电商等外贸重点领域的跨境人民币使用,力争全省全年跨境人民币结算量突破1万亿元。在全省范围内稳步实施优质企业贸易投资便利化试点,根据风险可控原则,适度扩大跨境人民币结算优质企业范围,力争全省新增100家优质企业。持续推动油品贸易跨境人民币结算便利化试点,力争浙江自贸区全年跨境人民币结算量达1000亿元。支持金融机构加强与第三方支付机构合作,扩大电子商务参与主体和业务种类,力争全省全年跨境电商人民币结算量达1200亿元。

九、进一步提高贸易便利化水平。开展一般贸易、加工贸易外汇收支便利化试点,支持银行为一般贸易、加工贸易等优质企业办理外汇收支时简化单证,缩短审核流程,力争一般贸易、加工贸易外汇收支便利化水平再上新台阶。支持市场采购、跨境电商、海外仓、外贸综合服务企业等贸易新业态发展。允许市场采购贸易委托第三方报关出口的市场主体自行收汇,便利真实、合规的外汇资金结算。允许银行直接凭电子交易记录为跨境电商办理结算业务,允许海外仓模式进行轧差结算。支持外贸综合服务企业代客户办理出口收汇手续,经办银行可凭外贸综合服务企业推送的交易电子信息办理出口收汇,外汇或结汇资金直接进入委托客户的账户。

十、依托"三张清单"推动外贸企业贷款提速增效。各金融机构要深入推进小微企业"三张清单",优先推动授权清单、授信清单、尽职免责清单在骨干外贸企业和中小微外贸企业领域落地实施。进一步下放审批权限,外贸型普惠小微企业贷款审批权限要加快下放至市县。推行授信申请限时答复制,在资料齐全、手续完备的前提下,对外贸普惠小微企业的授信申请,原则上3个工作日内给予明确答复。扩大跨境金融区块链平台服务范围,推动金融机构加入区块链平台服务试点,运用区块链技术提升外贸企业融资审批和发放效率。

十一、提升出口信用保险和担保增信功能。全省优先安排央行低息资金支持出口信用保险保单融资,扩大保单融资规模,力争全年保单融资额不少于100亿元。各金融机构要加大银保合作力度,加强与中信保小微统保平台、中国人保财险信保贷平台和银行端"信保通"系统对接,全面利用短期险项下的综合险保单、中小企业保单、小微信保易保单等各种产品。继续深化银保合作机制,通过信用保险、担保增信、风险补偿等手段,探索"政府＋银行＋信保＋担保"模式的"浙贸贷"模式。

十二、强化联动协作和考核激励。全省各级人民银行、商务局、财政局、外汇管理部门要依托出口专班等载体,加强联动合作和政策协调,强化对政策落实情况的评估考核和激励约束,共同推动金融支持外贸企业各项政策措施落实、落地、落细。金融机构要加强贷款资金用途监管,确保贷款用于外贸企业生产经营活动,防范信贷资金挪用风险。民营和中小微外贸企业获得的信贷资金必须专款专用,不得进入房市、股市、债市等,一经查实金融机构将收回贷款。金融机构支持外贸企业的举措和成效,纳入人民银行对金融机构的年度综合评价、宏观审慎评估、跨境人民币业务和外汇管理业务年度考核。对政策落实有力、工作成效突出的金融机构,在再贷款、再贴现等货币政策工具、金融市场工具、跨境人民币和外汇管理便利化措施等方面予以政策倾斜和激励;对政策落实不到位的机构,视情况开展约谈、通报。各地要及时总结并报送辖区金融支持外贸企业的好经验、好做法、好模式,加强政策宣传推广,形成比学赶超氛围,不断提升外贸企业金融服务水平。

请人民银行浙江省内各地分支机构会同当地商务、财政等部门速将本《意见》转发至辖内相关金融机构,并做好贯彻落实。请各地、各金融机构于2020年8月底前将政策贯彻落实情况报送至中国人民银行杭州中心支行(国家外汇管理局浙江省分局),同时抄送省商务厅、省财政厅。

中国人民银行杭州中心支行　浙江省商务厅
浙江省财政厅　国家外汇管理局浙江省分局
2020年8月5日

中国人民银行杭州中心支行　浙江省市场监督管理局　浙江省财政厅关于印发《浙江省小微企业和个体工商户"首贷户拓展三年行动"方案(2020—2022年)》的通知

杭银发〔2020〕160号

为贯彻落实人民银行总行关于金融支持稳企业、保就业的工作要求和省委省政府的有关部署,有效提升小微企业和个体工商户的金融服务能力,持续扩大融资覆盖面,现将《浙江省小微企业和个体工商户"首贷户拓展三年行动"方案(2020—2022年)》印发给你们,请认真贯彻落实。

请省内各级人民银行会同当地市场监管、财政等部门速将本通知转发至辖内相关金融机构。请各地、各金融机构结合实际,制定首贷户拓展三年目标及工作方案,于2020年10月20日前以正式文件形式报送人行杭州中心支行、省市场监管局、省财政厅。

附件:浙江省小微企业和个体工商户"首贷户拓展三年行动"方案(2020—2022年)

中国人民银行杭州中心支行

浙江省市场监督管理局

浙江省财政厅

2020年9月28日

附件

浙江省小微企业和个体工商户"首贷户拓展三年行动"方案（2020—2022年）

为统筹推进疫情防控和经济社会发展，做好"六稳"工作、落实"六保"任务，有效提升小微企业和个体工商户金融服务能力，持续扩大小微企业和个体工商户融资覆盖面，不断增强小微企业和个体工商户融资获得感和满意度，根据人民银行总行金融支持稳企业、保就业工作要求和省委省政府有关部署，特制订本方案。

一、总体目标

通过组织开展小微企业和个体工商户"首贷户拓展三年行动"，推动小微金融服务重心由"增量扩面"向"扩面增量"转变，降低首贷户融资门槛和融资成本，促进全省小微企业和个体工商户首贷户逐年增加，贷款覆盖率明显提升，首贷金额显著增长，信用贷款占比稳步提高，小微企业和个体工商户金融服务获得感和满意度不断增强。具体目标如下：

（一）小微企业首贷户数和首贷金额显著增长。力争2020—2022年，全省小微企业首贷户拓展20万户。全省累计发放小微企业首贷金额超过6000亿元，每年发放2000亿元以上。

（二）个体工商户经营性贷款扩面增量。力争2020—2022年，全省累计新增个体工商户首贷户占个体工商户无贷户比例不低于10%，新增个体工商户经营性贷款4000亿元以上。

（三）信用贷款占比提升。力争2020—2022年，全省小微企业信用贷款累计发放12000亿元，每年发放4000亿元。小微企业和个体工商户信用贷款占比逐年提高。

本方案首贷户是指在人民银行征信系统从未有过贷款或票据贴现记录，在统计时间里首次获得贷款（含票据贴现）的小微企业或个体工商户。

二、基本原则

（一）坚持市场化、法治化原则。充分发挥市场在资源配置中的决定性作用，以市场需求为导向，按照商业可持续原则，银企双方自主协商、平等合作。在加大首贷户金融支持力度的同时，防范潜在金融风险。

（二）坚持部门合作、高效协同。发挥"几家抬"政策合力，各部门按照职责分工，深入推进信息共享、融资对接和政策协调，齐推共促，实现金融、财政、产业、就业等政策高效协同。

（三）坚持因地制宜、分类施策。鼓励各地结合当地实际，自主确定首贷户金融服务的重点行业和重点群体，提供个性化、差异化政策支持和金融服务，为小微企业和个体工商户量身定制金融产品和服务。

三、行动措施

（一）建立小微企业和个体工商户无贷户"两张名单"。人行杭州中心支行与省市场监管局推动数据共享，通过将正常经营的小微企业信息与首贷户统计监测系统中有贷户企业信息进行比对，建立全省"小微企业无贷户名单"。各市、县人民银行与市场监管部门通过将金融机构个体工商户有贷户名单与正常经营的个体工商户信息进行比对，分析建立当地"个体工商户无贷户名单"。"两张名单"通过浙江省企业信用信息服务平台向金融机构推送。各金融机构要积极主动对接"两张名单"，优先向信用良好、经营正常、有融资需求的小微企业和个体工商户提供融资支持。各金融机构每月反馈融资支持情况，人民银行与市场监管部门共享融资支持情况。

（二）建立首贷户拓展部门合作机制。各级人民银行和市场监管部门建立常态化合作机制，通过多种形式实现信息共享，推动首贷户拓展。各级市场监管部门结合登记注册和年报公示等环节，告知市场主体可通过"贷款码"等方式线上填报融资需求，经可信身份认证后，实时传输至浙江省企业信用信息服务平台。各级人民银行将无贷户融资需求信息定向推送至当地金融机构，组织金融机构强化融资对接。各地要积极探索建立金融机构首贷户拓展专员名单,在基层市场监管办事服务大厅设立线下首贷户金融服务站点,为小微企业和个体工商户提供金融咨询和服务。

（三）落实首贷户金融服务"三张清单"。各金融机构要加快推动授权清单、授信清单、尽职免责清单在首贷户领域落地。进一步下放首贷授信审批权限,原则上,各金融机构线下普惠小微授信审批权限要下放至市一级分行,并积极推动部分权限下放至县(市、区)支行。简化贷款审批流程,对于材料齐全的无贷户小微企业和个体工商户授信申请,原则上要在3个工作日内回复。实施首贷尽职免责,适当提高首贷户风险容忍度,细化尽职免责制度的可操作措施,建立并公示尽职免责正面清单和负面清单,原则上如未违反负面清单的均可认定为尽职。

（四）创新科创型小微企业首贷户融资模式。各金融机构要优化风险评估机制,综合考量科创企业的未来成长性、技术特点、短期现金流和投资回收期等因素,在风险可控前提下,适当降低首贷户贷款申请中对企业注册年限和财务指标的要求。充分发挥金融机构科技专营支行的专业化优势,积极探索投贷联动模式支持科创型小微企业首贷,鼓励科技支行与创业投资、风险投资、政府产业投资基金等开展合作,通过债权与股权相结合的方式,为初创期的科技型小微企业无贷户提供多元化融资支持。

（五）多渠道支持首贷户获得信用贷款。对于生产经营正常且发展前景较好的小微企业和个体工商户无贷户,鼓励金融机构发放免抵押、免担保的纯信用贷款。各级市场监管部门要主动与各级人民银行、各金融机构对接,积极为小微企业和个体工商户对接商标权、专利权等无形资产质押融资,探索将驰名商标、品字标、守合同重信用企业、信用管理示范企业、省市县三级小微培育库企业、放心消费单位等商誉作为信用贷款的重要依据,破解小微企业和个体工商户抵押担保难题。

（六）改进首贷户金融服务内部管理机制。各金融机构要明确首贷户拓展年度目标,单列信贷计划,优化首贷户风险评级和定价模型,提高首贷风险识别和信贷投放能力。完善内部绩效考核激励机制,增加首贷户拓展工作考核权重。探索建立专门的首贷拓展团队,实施首贷户拓展专项绩效奖励,激发基层从业人员开展首贷户业务的积极性。鼓励各地探索创新"网格员＋信贷员"的服务模式,通过线下网格化管理等模式,深入无贷户群体,摸排了解真实经营情况,提高首贷户拓展成功率,扩大首贷户拓展覆盖面。

(七)鼓励开展第三方信用评级。积极培育多层次的信用评级市场,指导第三方信用评估公司利用大数据、人工智能等金融科技,建立适用于小微企业和个体工商户的信用评级指标体系和评价模型,多渠道、多维度开展评级,为金融机构拓展首贷户提供信息参考。加强对无贷户企业的宣传引导,提高企业参与信用评级的积极性。

四、政策保障

(一)设立首贷户专项再贷款再贴现额度。人行杭州中心支行在全省安排500亿元的再贷款再贴现低息资金,定向支持"两张名单"内的无贷户融资。央行再贷款再贴现资金实行利率优惠,各金融机构借用支小再贷款资金发放的小微企业首贷户贷款加点幅度不超过300个基点。再贴现资金优先支持小微企业持有和签发的票面金额200万元以下的票据,票据再贴现利率为2%。对省内首贷户拓展力度大的地区,人行杭州中心支行将在再贷款、再贴现限额上给予倾斜。

(二)实施首贷户信用贷款支持计划。对于地方法人金融机构2020年3月1日至12月31日期间发放的符合条件的首贷普惠小微信用贷款,人民银行按贷款本金的40%给予资金支持。全国性银行在浙分支机构要优化风险评估机制,提升微贷技术水平,减少对抵押担保的依赖,支持更多小微企业首贷户获得信用贷款。

(三)加强创业担保贷款政策对首贷户的支持。贯彻落实《关于进一步加大创业担保贷款贴息力度全力支持重点群体创业就业的通知》(浙财金〔2020〕43号),运用创业担保贷款政策加大对初次创业的小微企业和个体工商户无贷户的支持力度,并给予贴息支持。符合条件的个人和小微企业分别可申请最高不超过50万元、300万元的创业担保贷款。具体贷款额度由经办银行根据相关政策规定和借款人实际情况确定。

(四)建立健全首贷户风险奖补机制。鼓励各地因地制宜,充分发挥财政金融政策对首贷户拓展的激励作用。鼓励有条件的地区加大财政奖补力度,对小微企业首贷户按首贷金额一定比例给予贴息,对小微企业首贷户拓展工作成效突出的金融机构给予财政奖励,对金融机构首贷业务发生的损失给予一定比例风险补偿。完善银担合作机制,推动政府性融资担保机构提供首贷担保政策支持。

五、工作要求

(一)上下联动,高效协同。全省各级人民银行和市场监管部门要高度重视首贷户拓展工作,各市要将目标任务量化分解到各县(市、区),并报人行杭州中心支行和省市场监管局。各级人民银行和市场监管部门要建立专项合作机制,定期交流商讨,制定细化举措,确保政策高效协同,工作落实落细。各金融机构要加强系统内组织领导,建立专项工作机制,层层压实责任,确保首贷户拓展工作传导至基层经营机构。

(二)精准对接,优化服务。人行杭州中心支行与省市场监管局每月交换相关数据,各级人民银行、市场监管部门要定期梳理和更新无贷户名单,开展摸底调查,通过浙江省企业信用信息服务平台及时推送至金融机构。市场监管部门要进一步下沉全省知识产权质押融资服务窗口,加强专利商标知识产权评估工作对接。金融机构要主动对接、靠前服务,通过上门走访、在线对接、集中培育等多种形式为小微企业和个体工商户提供融资解决方案。对接过程中要尊重企业意愿,防止多家银行集中对接同一家企业,避免干扰企业正常生产经营。对于有意向银行的企业,原则上由意向银行优先对接;对于无意向银行的企业,由企业基本户开户行优先对接。

(三)强化考核,注重激励。建立首贷户拓展考核评价体系,纳入全省小微企业三年成长计划考核,以及对各金融机构考核评价中。对各市、各金融机构工作成效按月监测、按季通报、按年考核。将金融机构考核评价结果与央行货币信贷政策执行情况考核评估、金融机构年度综合评价、宏观审慎评估、央行政策工具运用等挂钩,对工作成效显著的地区和金融机构加大政策工具激励力度。

(四)加强引导,广泛宣传。全省各级人民银行、市场监管部门和金融机构要加大宣传力度,通过办公和营业场所、网站、微信公众号等多种形式,加强首贷户金融服务政策宣传和解读,积极推广好经验、好做法、好模式,提高政策知晓度和影响力。各类小微企业和个体工商户政策宣传平台、金融服务宣传平台要开设首贷户金融服务专栏,向小微企业和个体工商户宣传推广金融产品和服务。

中国银保监会浙江监管局 浙江省商务厅关于深化供应链金融服务促进产业链资金链畅通的通知

浙银保监发〔2020〕24号

各银保监分局、各直辖监管组,各市、县(市、区)商务主管部门,各政策性银行浙江省分行,各国有商业银行浙江省分行,各股份制商业银行杭州分行,邮储银行浙江省分行,杭州银行、各城市商业银行杭州分行,浙江网商银行,省农信联社、杭州辖内各农村中小金融机构,各外资银行杭州分行,杭州辖内各非银行金融机构,各保险公司省级分公司,省银行业协会、省保险行业协会:

为贯彻落实党中央国务院、银保监会和省委省政府关于推动现代产业供应链体系建设的工作部署,促进我省制造业高质量发展战略实施,精准有序扎实推进全产业链加快复工复产,破解上下游中小微企业融资难题,"保稳定、强协同、促发展",助力实体经济平稳运行,现就做好供应链金融服务有关事项通知如下。

一、总体目标

围绕加快建设现代供应链体系和打造全国现代供应链创新发展中心的要求,聚焦我省先进制造业产业集群培育和标志性产业链打造,聚焦重大强链补链项目和全球产业分工协作、产业链重构,聚焦"买全球、卖全球"现代流通以及优势农业产业链等重点领域,探索实现"核心企业(平台)+协同企业+链网式金融"的服务方式,提高综合配套金融服务水平。银企共创,推动一批重点产业链供应链核心企业和平台,创新发展具有浙江特色的供应链金融服务模式和标杆项目。打造一批国内领先、国际竞争力强的浙江现代供应链体系,引领重点产业供应链全球化协同发展,助推若干世界级先进制造业集群建设。

二、明确重点，深化产业链供应链协同战略合作

（一）实现关键环节"不断链"。支持重点产业链供应链核心企业与主要供货商、经销商以及专业服务商（外贸综合服务、现代物流、专业供应链服务平台等）深化战略合作，加强金融支持保障，形成更加稳固的"核心企业＋战略合作伙伴"链网。深入了解和分析产业链上企业的困难和需求，针对性解决关键链条堵点、断点和卡点的金融服务问题。加大对产业链供应链核心企业的金融支持力度，给予合理信用额度，提高核心企业信贷资金向上游企业的支付效率，支持核心企业为下游企业提供延期付款便利，缓解上下游中小微企业资金压力。

（二）实现重点领域"全覆盖"。支持银行业金融机构针对我省先进制造业、现代农业、商贸流通、国际贸易等重点领域搭建供应链金融服务平台，积极探索与各类新型线上贸易服务平台、大型仓储物流企业、专业供应链金融服务平台开展合作，精准对接全链企业融资需求。全力做好省防疫重点保障企业、省级农业龙头企业、国家和省级供应链试点核心企业以及纳入监测的其他供应链核心企业的金融服务，以龙头企业和重点骨干企业带动全产业链发展。

（三）实现重点项目"有保障"。对我省龙头骨干企业的数字供应链创新、关键技术产业化、供应链平台、国内国际供应链布局等项目建设，推动银行业金融机构加大金融支持，提供中期合理利率信贷支持，助力供应链企业数字化、智能化、平台化和全球化创新发展。加大我省重点供应链核心企业的国际关键供应商企业并购、国产化合资等以链引链项目的银行信贷支持力度，顺势强化我省重点产业供应链的自主性和安全性。

（四）实现银企合作"共成长"。强化核心企业信用建设，落实核心企业信用责任，鼓励在融资合同条款中明确核心企业在获得信贷资金后及时向上下游企业付款的责任和义务。深化核心企业"伙伴银行"建设，支持有条件的银行业金融机构发挥"核心企业＋主办银行"机制作用，"一企一策""一链一方案"，协同核心企业根据生产经营、资金需求等特点量身定做供应链综合金融服务方案，加强银企信息共享和信用共建，促进银企良性互动。

三、创新服务，探索符合浙江实际的供应链金融模式

（一）制造业核心企业供应链金融模式。结合我省打造十大标志性产业链，以制造业产业链龙头骨干企业为核心，引导银行业金融机构全面支持省内重点领域制造业全链企业发展，结合制造业产业链布局及核心企业生产经营实际，对链上企业提供信贷、结算、科技平台等综合化金融服务，推动制造业产业链做强做精。

（二）现代产业集群供应链金融模式。结合我省经济开发区、小微企业园区、科技企业园区、特色小镇等产业集群特色，对接各级政府及产业集群，与地方政府、产业集群核心主体共同制定重点集群供应链金融解决方案。探索各产业集群间产业链的新型供应链金融模式，构建现代产业集群生产、贸易、物流等全程综合金融支持体系。

（三）现代农业供应链金融模式。以我省农业龙头企业为重点，辐射带动农民专业合作社、示范家庭农场以及农创客发展，为上下游各类农业经营主体和农户提供一揽子综合金融服务。加大金融支持力度，进一步探索和深化生产、供销、信用"三位一体"农村新型合作体系建设。探索"农业保险＋"服务模式，加强政银保、政银担合作，探索供应链金融风险共担机制，增强农业产业链金融可持续性。

（四）商贸流通供应链金融模式。加强对我省大型实体零售、专业市场、电商平台等重点销售端及商贸物流市场正常运行的金融支持。充分发挥线上经济、平台经济等新业态作用，打通供应链价值实现关键环节，发展应收账款融资、预付融资和存货融资业务，盘活各类资产。加大供应链分销端和消费市场支持，畅通商品流通，释放消费潜力。

（五）外贸领域供应链金融模式。强化金融支持"稳外贸"作用，加大对我省外贸综合服务企业、小微外贸企业和跨境电商新业态的金融支持，综合运用外贸融资金融服务工具，保障外贸领域产业供应链全球化协同发展。充分发挥出口信用保险、政策性担保等稳风险促增信作用，推动银保担协作，创新"银行＋信用保险＋政策性担保"模式。

（六）专业平台供应链金融模式。与我省各类政府信息平台、线上贸易

服务平台、大型仓储物流平台、专业供应链金融服务平台开展合作,整合商流、信息流、物流、资金流,精准对接客户融资需求,在提供电力贷、物流贷、订单贷等多种供应链金融产品基础上,运用"金融大数据＋线上服务"模式,为各类经营主体提供个性化、综合化信贷支持和金融服务。

四、深化金融科技运用,提升供应链金融服务能力和风险控制水平

（一）提升发展线上供应链金融业务水平。支持有条件的银行业金融机构,借助互联网、大数据、区块链、人工智能等金融科技手段,有效搭建供应链金融服务平台,架构供应链金融信息管理系统,整合链上企业信息流、商流、物流、资金流相关数据,合理测算企业真实融资需求。探索将金融服务嵌入供应链管理的各个环节,同步获取上下游企业的交易信息,解决线下供应链贸易背景难以核实、服务成本高等问题。

（二）提升浙江省金融综合服务平台运用水平。鼓励银行业金融机构依托浙江省金融综合服务平台以及省金控供应链金融科技子平台大数据信息和技术支持,建立完善供应链金融服务业务模型和信息管理系统,提高供应链金融服务精准对接服务水平。通过与核心企业、政府部门相关系统对接,采用线上线下相结合的方式,为链条上的客户提供更加方便快捷的金融服务。

（三）提升产业链供应链全链条金融风险控制水平。引导推动银行业金融机构进一步完善风险控制体制机制建设,全面深入分析核心企业和行业的各种风险隐患,强化事前、事中、事后监管,建立全链条风险控制体系,防范造假和欺诈案件发生。加强对不同领域、不同类型业务模式金融风险的研究和分析,探索建立针对性的风控模型和管理办法。强调基于真实贸易背景,积极探索区块链技术在记录交易信息、防止追溯篡改及物联网技术在提升动产质押管控能力等方面的应用,进一步提升金融服务效率及风险控制能力。

五、强化工作保障

（一）发挥供应链创新与应用专项激励作用。用好省供应链创新与应用专项激励政策,引导创建优质供应链金融创新项目和平台,发挥专项激励杠杆效应,为上下游小微企业融资提供更好支持。引导核心企业与金融机构开展信息共享和确权,运用金融科技手段破解信息不对称及信贷风险,以及支持我省特色产业链供应链、重大强链补链项目。

（二）部门协同推进供应链金融业务发展。共同推进核心企业提高站位和认识,主动配合供应链金融中涉及的应收账款确权、核心企业信用转移等要求,发挥大型国企、央企以及试点核心企业表率作用,打造产业链生态圈,稳固供应链关系,增强市场竞争力,降低产业链成本。加强各部门工作协同和信息共享,营造良好政策环境。

（三）加强供应链金融业务跨地区协作。各在浙银行保险机构要积极寻求总部支持,结合当前产业链供应链普遍跨省、跨境发展的情况,推动建立总行级浙江供应链金融服务工作专班和工作机制。有效联动各海内外机构共同参与全球供应链金融业务开展,推进解决异地供应链金融业务在开户、信贷管理等方面存在的困难与问题。科学设置供应链金融内部专项激励考核标准和外部协作利益分配机制,提高业务开展积极性。支持全国性银行机构总行依托和对接浙江省金融综合服务平台,开发专门符合浙江产业集群和产业链特点的供应链金融服务平台和模块。

（四）加大银保、银担合作和增信。鼓励保险机构和政策性担保机构在风险可控的前提下为产业链上下游小微企业提供增信服务。深化银保合作,创新发展供应链保险业务,探索保证保险、信用保险等保险产品在供应链金融业务中的应用,开发具备行业特色的供应链金融险种。加强银行机构与省担保集团、省农业担保集团等政策性担保"总对总"合作,提升供应链金融业务风险缓释水平。

（五）加强持续跟踪监测和总结评估。加强对重点领域和核心企业以及上下游中小微企业融资情况的大数据监测分析,及时了解情况,回应诉求,解决企业遇到的困难和问题。搭建省市县一体的供应链创新金融服务管理监测系统,政银企联动,开展试点核心企业和试点城市供应链融资监测分析和服务支持。全面总结评估全省供应链创新与应用首批"26+96"企业以及9个城市的试点成效,联动推进开展第二批省级试点工作。全面总结复制推广各地各银行保险机构供应链金融服务典型模式和经验做法。

中国银保监会浙江监管局　浙江省商务厅

2020年4月7日

中国银保监会浙江监管局办公室关于印发《浙江辖内银行业保险业"最多跑一次"改革2.0工作方案》的通知

浙银保监办发〔2020〕102号

各监管处、各银保监分局、各直辖监管组,各政策性银行浙江省分行(营业部),各国有商业银行浙江省分行(交行太平洋信用卡中心杭州分中心),各股份制商业银行杭州分行,邮储银行浙江省分行,各城市商业银行、各城市商业银行杭州分行,浙江网商银行、温州民商银行,省农信联社、杭州辖内各农村中小金融机构,各外资银行杭州分行,杭州辖内各非银行金融机构,各保险公司总公司,各保险公司省级分公司:

现将《浙江辖内银行业保险业"最多跑一次"改革2.0工作方案》印发给你们,请认真贯彻执行。

中国银保监会浙江监管局办公室

2020年4月28日

浙江辖内银行业保险业"最多跑一次"改革2.0工作方案

一、工作目标

以习近平新时代中国特色社会主义思想为指导,深入践行以人民为中心的发展思想,紧密围绕与群众和企业生产生活关系最密切的领域和事项,以"最多跑一次"改革为引领,在理念、流程、技术等各方面加强改革创新,推动服务便利化,加速转型数字化,促进流程高效化,增强群众和企业的"获得感",为我省经济社会发展营造更优质的金融服务环境,塑造银行业保险业新形象。

二、基本原则

(一)以人民为中心,做有温度的金融。各银行保险机构要切实从老百姓对金融服务的迫切需求出发,行业挖潜,便利群众,形成一批可复制、可推广的案例和标杆,疏通金融服务中的堵点、痛点,切实提升金融服务便利度,扩大金融服务覆盖面,提高公众对金融服务的获得感和满意度。

(二)坚持市场化推进,实现可持续发展。各银行保险机构要坚持市场化原则,尊重市场规律和个体差异,结合自身实际,根据市场可接受程度稳步推进、迭代升级;同时,维护良好市场秩序,增进合作交流,实现金融服务可持续性发展。

(三)参与社会治理,提升行业形象。各银行保险机构要以"最多跑一次"改革为抓手和载体,体现现代社会治理理念,加深政银、政保、银保合作,履行社会责任和消费者权益保护。

(四)坚持科技赋能,走在全国前列。各银行保险机构要利用浙江是科技网络和大数据运用高地的便利优势,积极发展金融科技,按照系统性、突破性、集成性的思路,借助科技手段加速实现便利化,争取总部更多在浙先行先试机会,争当行业的领跑者。

三、具体内容

（一）加快推动服务便利化

一是提升网点服务效能。加快智慧网点建设,加大智能机具投入,简化柜面业务流程,增加在线预约等服务渠道,做深做优"村村通"基础金融服务,提高网点开放度和业务综合度,打造以金融服务为核心的便利生活圈。

二是扩大金融普惠面。打通普惠金融的"最后一公里",改变过去单纯依靠抵质押或保证担保的信贷模式,有效利用大数据资源,提供各类与生活、税务、贸易等场景相结合的信贷产品与服务,有效帮助群众和企业降成本、降杠杆。

三是疏通保险业务堵点。结合机构特点,合理采用条线业务并岗、材料减免、主动压缩时效、支持自主理赔、"互联网＋"等手段,推动保险承保理赔流程服务全面转型升级。

四是推广一体化服务模式。各机构因地制宜对服务模式采取容缺受理、并行交易、集中作业、物流替跑等方式的优化,打造实物交接场景的线上线下一体化运营服务新模式,真正实现"线上多跑数、客户少跑路"。

（二）加速促进转型数字化

一是深入开展"无证明化"改革。借助政务信息资源共享平台和社会信用体系,深入开展银行保险领域"减证便民"工作,通过采取依法取消、告知承诺、数据查询、部门核验等替代路径,推动落实银行保险领域"无证明化"取消材料清单,提高金融服务便利化。

二是扩大社会数字化金融覆盖面。配合省政府相关部门做好各类电子政务系统的建设和推广工作,有条件的机构加快接入"浙里办""浙政钉"等政务服务平台,探索缴费渠道、交管事故、医保报销、理赔直付等金融相关的"一件事"改革,推广浙江"互联网＋政务＋金融"服务新模式。

三是提高风险管控数字化水平。加大对大数据、人工智能、区块链、5G等前沿领域和新兴技术在金融服务方面的研究,加强金融科技在身份识别、数据自动校验、智能风控、自动理算工具等应用,使金融服务更安全、更方便。

四是推进内部管理数字化建设。在保证风险可控的前提下,逐步实现申报无纸化、审查数据化、押品电子化和审批模型化等,持续推进网上办公和业务电子化流转,不断满足各种内部作业需求,提高机构内生的数字化管理机能。

(三)持续提升流程高效化

一是深化金融综合服务平台建设和运用。"浙江省金融综合服务平台"是省政府数字化转型重点项目,要推动平台成为小微企业融资主渠道,对我省重点小微园区、63万户纳税B级以上小微企业,特别是首贷户进行全覆盖式的推广。持续深化税务、电力、财政等数据共享,加快推进企业开户、融资对接、纯信用产品研发等应用场景落地。推动不动产抵押权证等电子证明证照共享,加快省市平台对接,提升业务便利性。持续迭代升级一键贷、白名单等功能,加快推进保险模块开发,支持一键理赔、在线快赔等业务场景落地。

二是主动推进外部信息共享建设。积极创造条件,探索推动民政单位、公安法院系统、公积金中心、交通管理部门、省票据中心等单位向银行保险机构开放共享个人婚姻信息、身份信息、结案证明、公积金信息、交管数据、医疗票据信息等数据,切实满足群众和企业对金融便利化的迫切需求。

三是丰富优化"一站式"服务流程。积极采取符合本机构实际的各类"一站式"服务流程优化措施,减少冗余环节,为客户提供线上预办、上门办理、事先预审等更多选择,落实结合分支机构风险水平和风险管控能力的差异化转授权,推广续贷无缝对接等,切实减轻群众和企业负担。

四是健全完善考核激励机制。深化以人民为中心的核心价值观,以加强员工队伍为抓手,通过自我约束和加压的首问责任制、限时办结制、一次性告知、事后评估制等机制建设,以自己的"不便"换取客户的"便利"。不断提升人员素质水平,让服务更有温度。

四、工作安排

(一)辖内各银行保险机构

一是细化工作方案。各银行保险机构要对照本工作方案认真研究便民服务措施,重点围绕无证明化改革、数字化转型、网点服务质效、支持金融综合服务平台建设等方面,补短板、提对策,明确工作目标、具体措施、责任分工和时限要求,于2020年5月底前将"最多跑一次"改革2.0的实施方案正式行文报送浙江银保监局和属地分局,包括加强组织领导、有关工作联络人、所梳理的改革事项与工作进度、存在难题及工作计划、建议等。

二是认真全面总结。各银行保险机构要纵向对标,实现2020年提供金融服务便利性较往年有较大提高,并于2020年12月10日前将推进"最多跑一次"改革2.0工作情况形成总结报告,正式行文报送至浙江银保监局和属地分局。工作总结报告包括但不限于总体工作情况、主要便民措施、具体工作成效、存在难点及明年计划等。

(二)各级监管部门

辖内各级监管部门要将落实银行业保险业跑改工作与日常监管工作紧密结合,扎实推动各银行保险机构有序开展相关工作。各银保监分局要及时将本工作方案要求转发辖内机构,并于2020年12月15日前将辖内相关工作总结报送浙江银保监局。

五、保障措施

(一)加强组织领导。银行业保险业"最多跑一次"改革已列入省委改革办2020年重点推动的重要领域和关键环节改革任务。各银行保险机构要高度重视,充分认识跑改工作的重要性,明确分管领导和牵头部门,加强各部门统一协调,协同落实。工作联络人要及时反馈本机构开展工作情况,与监管部门保持有效沟通。

(二)强化制度保障。各银行保险机构要对直接涉及群众和企业的金融服务事项进行梳理,进一步优化业务流程,提供技术更新方案,完善相关制度,将落实"最多跑一次"改革2.0的要求纳入上级对下级的考核评价体系,层层推进,防止出现"上热下冷""冷热不均"情形。

(三)加强业务培训。要重视对跑改工作神经末梢的有效传导,加强对基层员工尤其是大堂经理的业务指导与培训,及时传导政策要点,提高工作人员的服务意识与业务能力,提升群众和企业的"获得感"和"满意度"。

(四)做好经验推广。持续督促银行保险机构落实相关工作,及时总结典型经验,做好推广复制和宣传工作。

中国银行保险监督管理委员会浙江监管局 浙江省发展和改革委员会 浙江省经济和 信息化厅 浙江省财政厅 浙江省商务厅 浙江省地方金融监督管理局关于建立 "双保"应急融资支持机制的通知

浙银保监发〔2020〕161号

各市、县(市、区)人民政府,各政策性银行浙江省分行,各国有商业银行浙江省分行,浙商银行、各股份制商业银行杭州分行,邮储银行浙江省分行,杭州银行、各城市商业银行杭州分行,浙江网商银行,省农信联社、杭州辖内各农村中小金融机构,杭州辖内各非银行金融机构,省银行业协会,省担保集团:

为深入落实中央和省委省政府统筹推进疫情防控和经济社会发展工作部署,切实抓好"六稳""六保"工作,深化推进"三减"联动工作成效,引导银行资金精准支持受疫情影响急需融资的企业,经省政府同意,建立"双保"(保就业、保市场主体)应急融资支持机制。现将有关要求通知如下。

一、总体目标

聚焦保就业、保市场主体,通过政银企协同联动,引导信贷资金精准支持吸纳就业多且融资有困难的企业。按照先试点后推开的原则,探索建立国家、省级、市县三级联动的财政和金融相互支持工作机制,推动我省建立"双保"应急融资支持机制,帮助企业稳定员工就业、维持刚性经营支出,保存生产能力。

二、支持措施

根据融资困难企业实际情况,分类精准实施应急融资支持。具体包括以下两类支持措施。

（一）中小企业应急融资

1. 支持对象。中小企业应急融资支持对象为受疫情影响收入下降、现金流紧张但仍有市场前景的企业,重点支持制造业、外贸企业、交通运输、教育培训、文化旅游、住宿餐饮、农业生产等行业企业,并同时符合以下条件:

（1）疫情前吸纳就业多（制造业和交通运输业就业人数50人以上,其他行业就业人数30人以上）;

（2）企业经营期限满1年,疫情前纳税正常、销售稳定、各类信用记录良好;

（3）因缺少抵质押物或担保等原因融资存在困难;

（4）属于中小微企业,按现行《中小企业划型标准规定》执行。

2. 发放主体。对符合上述条件的企业,鼓励大型银行、股份制银行、邮储银行,以及资本充足、经营良好的地方中小法人银行发放应急贷款。

3. 约束条件。为确保信贷资金真正用于企业应急,防范资金挪用风险,应急贷款专项用于满足订单生产的资金需求,以及企业支付员工工资、水电费用、租金等刚性经营性支出。原则上单笔贷款在1000万元及以下,且单个客户在单个银行的贷款总额不超过1000万元。资金使用原则上需由经办银行逐笔实施受托支付,严格管理贷款资金用途流向。获得应急贷款的企业在贷款使用期间应停止分红、不上调管理层工资、保持员工人数基本稳定,否则银行有权调整贷款条件甚至提前收回贷款,并对严重不守信的企业采取联合惩戒。

4. 风险分担。鼓励政府性融资担保机构支持单户担保金额1000万元及以下重点支持500万元及以下的小微企业。推动省级担保机构与试点银行的"总对总"合作,参照"4222"模式完善和落实风险分担机制,即市县担保机构承担40%,国家融担基金、省再担保公司、合作银行各承担20%。业务操作采取批量担保模式,由银行按照规定的业务条件对项目进行风险识别、评估、审批并发放贷款。担保机构对担保贷款项目在执行合规性审核确认基础上,简化审核方式,优化审核流程。

5.减费让利。鼓励银行适当降低应急贷款利率,原则上不高于本行普惠型小微企业贷款平均利率;省担保集团免收再担保费;地方政府性担保机构主动减免担保费,担保费占比最高不超过1%。

6.发放流程。银行按以下流程发放应急贷款:

(1)建立多类对接渠道。鼓励经办银行自主筛选建立符合条件的企业清单,主动对接企业;支持相关政府行业主管部门、行业协会商会等引导企业向银行提出贷款申请。

(2)统一贷款申请入口。在浙江省金融综合服务平台(浙里办——浙里掌上贷)设立"双保"应急融资服务专区,企业可通过专区申请应急贷款。

(3)贷款发放。经办银行受理企业提出的融资申请,对符合条件的企业,按照银行贷款评审要求和程序完成审查审批等流程,并发放贷款。

(二)大中型企业应急融资

1.支持对象。大中型企业应急融资支持对象为受疫情影响收入下降,股权质押风险或债券违约风险显著上升的民营企业,重点支持制造业、外贸企业、交通运输、教育培训、文化旅游等行业企业,并同时符合以下条件:

(1)疫情前吸纳就业多(制造业就业人数300人以上,交通运输业就业人数500人以上,其他行业就业人数200人以上);

(2)企业经营期限满3年,疫情前纳税正常、销售稳定、各类信用记录良好;

(3)处于产业链核心地位,对产业链、供应链复工复产有重要影响;

(4)属于大中型企业。按现行《中小企业划型标准规定》执行。

2.提供融资主体。鼓励主要债权银行通过安排信贷资金等方式,支持企业化解股权质押或债券违约风险。鼓励具备条件的金融机构探索采取多样化的融资手段,多渠道帮助企业纾困。

3.操作方式。按照"政府牵头、银行会商、企业自救"的工作原则,由企业自主提出应急融资支持需求,属地政府牵头"一户一策"确定企业支持方案,各银行业金融机构依托联合会商工作机制参与方案的制定及实施。

三、实施程序

（一）银行机构是机制实施主体，负责具体执行

1. 工商银行、农业银行、中国银行、建设银行、交通银行、邮储银行浙江省分行，中信银行、浦发银行杭州分行为"双保"应急融资支持机制首批试点银行，后续逐步推广至其他符合条件的银行机构。首批试点银行与省担保集团分别签订"总对总"批量担保业务合作协议，明确具体业务流程、授信额度、风险分担等事宜，开展批量担保贷款合作。

2. 各试点银行要建立应急融资支持专项工作机制，建立专门的审批通道，自主决策向符合条件的企业发放应急贷款，并采取名单制管理。要积极向总行争取政策支持，对应急贷款建立专项尽职免责政策，实行单独的绩效考核。

3. 各地市参照省级确定的合作模式，由试点银行市级分行与市县政府性融资担保机构签订合作协议，建立合作机制。

（二）政府性融资担保机构做好小微企业批量担保服务，健全风险分担机制

省担保集团要推出"双保"应急融资专项再担保业务，制定业务操作指引，明确业务规范、操作流程和风险控制要求。各市县政府性融资担保机构参照执行，加强与银行机构协同合作，开展批量担保，落实风险分担机制。

（三）各有关单位加强协同配合，负责做好支持推动工作

1. "双保"应急融资支持机制纳入省融资畅通工程专班工作机制，省级各有关部门加强协同配合，为机制实施提供有力保障。

2. 各地市政府要承担稳企业、保就业的主体责任，加强统筹协调，确保机制有效落地。

3. 省发展改革、经信、商务等部门要通过企业码（企业服务综合平台）、"三服务""浙里亲清"、外贸"订单＋清单"监测预警管理系统等平台，与省金融综合服务平台建立业务协同，便利企业提出融资申请。各级发展改革、经信、商务等部门要加大政策直达企业力度，提高政策知晓度。

4. 省财政提供政策支持，确保省级政府性融资担保机构保持可持续融资

担保能力。各地市财政部门要建立健全资本金补充、风险补偿和担保费补贴机制,保障政府性担保机构持续担保能力。

5. 各级地方金融监管部门落实政府性融资担保业务尽职免责要求,支持省担保集团、各市县政府性融资担保机构与银行机构开展专项合作。

6. 各级银保监部门负责牵头推进"双保"应急融资支持机制实施,推动符合条件的银行机构开展应急融资业务,督促相关银行落实工作要求,并跟踪评估政策实施效果。

中国银保监会浙江监管局　浙江省发展和改革委员会
浙江省经济和信息化厅　浙江省财政厅
浙江省商务厅　浙江省地方金融监管局

2020 年 7 月 15 日

中国银保监会浙江监管局关于金融进一步助力市场主体纾困和经济高质量发展的通知

浙银保监发〔2020〕169号

各银保监分局、各直辖监管组,各政策性银行浙江省分行,各国有商业银行浙江省分行、杭州分行,各股份制商业银行杭州分行,邮储银行浙江省分行、杭州市分行,杭州银行、各城市商业银行杭州分行,浙江网商银行,省农信联社、杭州辖内各农村中小金融机构,各外资银行杭州分行,杭州辖内各非银行金融机构,各保险公司省级分公司,各省级银行保险社团:

为深入贯彻落实银保监会和浙江省委、省政府关于统筹推进新冠肺炎疫情防控和经济社会发展工作的决策部署,切实抓好"六稳""六保"工作,推动金融支持政策更好适应疫情给经济社会带来的深刻变化,进一步优化金融的资源配置功能,助力市场主体纾困和经济高质量发展,现将有关事项通知如下。

一、夯实重点领域金融保障,全力护航经济基本盘

(一)强化金融支持"稳外贸"。落实好中小微企业和大型国际产业链企业(外贸企业)阶段性延期还本付息等政策,积极开展保单质押融资业务。进一步扩大出口信用保险覆盖面,提升风险容忍度,政策性保险公司企业投保限额满足率不低于85%。鼓励商业保险公司开展短期出口信用保险业务,在风险可控的前提下,允许企业合理缓交保费,适当降低费率。加强对外贸企业出口产品转内销的金融服务,结合实际开展内销保险项下的保单融资业务,加大中期流动资金贷款等信贷支持,推广应收账款、存货、订单、机器设备等质押融资,对积极开展转产自救、技术改造的优质外贸企业给予专项的信贷政策支持,适当简化流程,提高放款效率。支持跨境电子商务等外贸新业

态新模式发展,鼓励银行保险机构对接经营规范、信誉良好的外贸综合服务平台,为中小微外贸企业提供更优质便捷的服务。完善跨境服务体系,为外贸企业的生产、出口和转内销提供灵活的整体授信方案,通过买方信贷等方式帮助企业稳定出口订单。

(二)加快推动消费复苏回升。各银行保险机构要加大对旅游娱乐、住宿餐饮、交通运输等受疫情影响较重行业的支持力度,帮助其恢复发展。创新发展消费信贷,积极满足居民在汽车等大宗耐用消费品、新型消费品以及教育、文化、健康、养老等升级型消费的金融需求,助力扩大内需战略深入实施。强化保险保障功能,积极发展健康等商业保险,建立完善养老保障第三支柱,提高居民消费意愿和能力。坚持"房住不炒"定位,严查个人综合消费贷款、经营性贷款、信用卡透支等资金挪用于购房,坚决防止房地产贷款乱象回潮。

(三)支持扩大有效投资。积极对接"4+1"重大项目、"六个千亿"产业投资工程等浙江重大发展战略,支持扩大有效投资重点项目建设。发挥保险资金长期投资优势,争取通过债权、股权、股债结合、基金等多种形式,为重点工程和重大项目建设提供长期稳定的资金。积极开发专项金融产品和服务,重点支持"两新一重"建设项目。支持工程建设领域保证金制度改革,加快推行工程保函替代保证金,鼓励银行机构推出保障农民工工资支付的专项贷款产品。配合地方政府深化国有企业改革重组,加快经济结构调整,化解隐性债务风险。

二、强化关键环节金融支持,畅通产业发展循环

(四)支持制造业高质量发展。充分认识制造业在产业基础再造和产业链提升工程中的重要地位,坚定不移支持浙江制造业高质量发展,大幅增加先进制造业和战略性新兴产业中长期资金支持。根据《金融支持制造业高质量发展行动方案》(浙银保监发〔2020〕144号)要求,制定细化工作方案,聚焦薄弱环节,优化服务机制,加大对制造业技术改造贷款、产业紧密型并购贷款、小微企业贷款、中型企业贷款、中期流动资金贷款的推进力度。2020年实现辖内制造业贷款增速不低于各项贷款平均增速,制造业中长期贷款增速不

低于制造业贷款平均增速。支持保险机构积极开发支持制造业高质量发展的保险产品,在风险可控的情况下开展企业财产保险、科技保险、责任保险等业务,为制造业企业提供多方面的风险保障。

(五)深化产业链金融服务。精准对接浙江"10＋1"标志性产业链,强化产业链核心企业金融服务,积极协调争取总行(部)支持,为浙江产业链核心企业的省外及境外上下游配套企业延伸提供支持,实现全产业链协同发展。加大对"补链强链"重点企业和"卡脖子"关键技术重点项目的信贷支持保障,推进首台(套)重大技术装备保险和重点新材料保险首批次保险补偿机制试点工作,加大风险保障。进一步优化业务办理流程,在核心企业对上游企业承担付款责任或是对下游企业提供增信措施的情况下,可适度简化上下游企业的评级准入等流程,并将其纳入核心企业统一授信管理。支持在依法合规、有效控制风险的前提下创新发展在线供应链融资业务,实施在线审批和放款,采取在线信息分析和线下抽查相结合的方式,开展贷款"三查"。

三、扎牢风险抵御屏障,在主动作为中防范化解风险

(六)建立适应疫情影响需要的内部联合诊断机制。各银行业金融机构要加强研判,加快建立新形势下疫情对企业影响的评估诊断机制。要采取有力措施,帮助受疫情影响严重企业,特别是前期经营正常、受疫情影响暂时遇到困难、发展前景良好的中小微企业,以及稳企业保就业领域重点企业纾困发展。要围绕"双保"(保就业、保市场主体)要求,根据企业流动性紧张情况建立企业应急融资支持机制。在准确识别企业风险的基础上,进一步提升金融支持的精准性和有效性,既要做到应贷尽贷快贷,也要防止信贷资金的无效低效占用。各银行的经营和风险控制等部门要共同组成企业联合诊断小组,运用好阶段性延期还本付息政策,在对符合条件的贷款"应延尽延"的前提下,未雨绸缪,对有关企业未来生存发展能力做出专业诊断意见,并分类制定帮扶或保全计划,在最大程度帮助企业渡过难关的同时,有效降低自身风险损失。

(七)深化联合会商帮扶工作机制。持续深化落实企业授信联合会商机制。在2019年开展10亿元授信以上重点大型企业联合会商的基础上,对授

信银行在3家以上的外贸企业、制造业企业、产业链核心企业和大中型企业(集团),按照企业申请、债权行认同的原则适当下沉重心,适度扩大联合会商帮扶企业的范围。结合"三服务"工作要求,由牵头行牵头、各成员行参加,成立跨行"联合诊断小组",对上述企业适时开展联合诊断,共同分析研判企业经营发展状况。对于小组集体诊断为暂时遇到困难、有市场发展前景且诚信记录良好的企业,要及时制定"一企一策"帮扶方案,集体研究稳贷、增贷、重组等解困措施,帮助企业走出困境。

(八)加快风险处置,轻装上阵支持实体经济。提早谋划应对银行业资产质量劣变风险,按照"实质重于形式"原则,严格资产质量分类,真实反映风险。持续加大处置力度,拓宽不良资产处置渠道,综合使用核销、清收、批量转让、债转股等手段,做到应核尽核、应处尽处、快处快核,各银行分支机构要尽可能多地向总行争取核销资源,为未来持续支持实体经济赢得更多空间。运用好联合会商工作机制,对于疫情之前已经实质出险、救助无望的企业贷款及时予以处置,对于"僵尸企业"和"逃废债"企业,加强与各级地方政府沟通,发挥行业合力,坚决予以出清。

(九)加快资本补充,提高可持续发展能力。坚持内源和外源相结合的方式补充资本。要准确区分风险成因,严格遵循审慎原则进行拨备计提。在提足拨备的基础上,鼓励增加利润留存,做实资本积累。根据差异化发展状况和市场定位,支持辖内各中小法人银行通过发行普通股、优先股、无固定期限资本债券、二级资本债等方式,多渠道补充资本,提高优质股东持股比例。

(十)强化政银企协同联动。聚焦"双保"领域重点企业和关键环节,加强政银企协同联动,探索建立省市县三级联动的财政和金融相互支持工作机制,坚持市场化、法治化运作原则,充分发挥财政资金的撬动作用,引导银行资金精准支持受疫情影响急需融资的企业。各银保监分局要加强和当地政府的沟通协作,推动有条件的地方政府因地制宜建立专项资金,为中小微企业贷款提供贴息风险补偿和政府性融资担保机构资本补充等。

四、优化内部管理机制,充分释放制度势能

(十一)研究制定符合后疫情时期特点的信贷政策。辖内各法人银行机

构要主动"跨前一步",提前谋划研究,结合自身信贷客户的结构和特点,科学研判疫情对企业经营、行业发展和区域经济金融的影响,及时梳理并修订本行信贷政策。强化社会责任担当,加大对受疫情影响严重行业和中小微企业等市场主体的金融支持力度,贷款审批中不得对民营企业设置歧视性要求,在同等条件下,民营企业与国有企业贷款利率和贷款条件应保持一致。按照金融供给侧结构性改革和坚决打好防范化解金融风险攻坚战要求,切实把经营重心和信贷资源转移到实体经济领域,促进金融服务更加精准、融资结构更加优化,严禁多层嵌套投资、资金空转、脱实向虚,严禁监管套利、假创新、伪创新行为,坚决防范影子银行和结构复杂产品死灰复燃、盲目扩张粗放经营卷土重来。各分支机构要积极向总行反映浙江的经济状况,推动总行制定贴合当前市场变化的信贷政策,并做好政策转换落实的准备工作。

(十二)改进内部授权管理。辖内各法人银行机构要进一步改进内部授权管理,整合优化审批环节,将相关企业诊断机制"内嵌"入现有的审批流程,提高审批效率和科学性。大中型银行分支机构要用好用足已有的信贷审批权限,将一定额度的民营企业特别是普惠金融业务发起权和审批权下放至具备条件的二级分行和县级支行,在此基础上,积极向总行争取政策支持,进一步下放信贷业务审批权限,同时加强专业人才配备,确保权限接得住、用得好。

(十三)加快完善落实尽职免责制度。辖内各法人银行机构应在前期制定疫情防控特殊时期免责行为清单的基础上,因应防控形势变化全面评估修订完善本行尽职免责制度,重点结合相关业务标准、作业流程的改进,明确对分支机构和基层人员的尽职免责认定标准和免责条件。逐步提高小微信贷从业人员免责比例,如无明显证据表明失职的情况均应认定为尽职,激发基层人员开展小微信贷业务的积极性。各分支机构要结合总行的政策,加强沟通汇报,加快推进落实。各级监管部门要将尽职免责制度的制定和执行情况纳入年度监管评价。

(十四)持续完善公司治理,及时调整年度绩效考核目标要求。辖内各法人银行机构要持续健全完善公司治理,从制度上、组织上将党的领导融入公司治理各环节,严格规范股东股权管理,强化"两会一层"履职监督,优化激励约束机制。各商业银行要推动董事会结合疫情影响及时修订绩效考核办法,适当弱化利润增长要求,将普惠金融在分支行综合绩效考核中的权重提升至10%以上,以更好地落实国家宏观战略,服务实体经济。各银行分支机构要积极向总行反映,针对浙江经济和企业经营的实际情况,提出更加科学合理的目标任务。要通过进一步规范信贷融资收费、合理降低费率、加大贷款优惠等措施,降低企业融资成本,向企业合理让利。在现有措施可有效覆盖风险的情况下,不得要求企业追加增信手段,推高融资综合成本。

五、加强政策传导落实,提高监管有效性

(十五)形成政策传导落实闭环。各银行保险机构要进一步建立健全政策落实闭环管理工作机制,将监管政策落地作为"一把手"工程来抓,找准政策传导的梗阻点,完善工作流程,强化过程管理和结果评估,着力破除上热下冷、层层递减、敷衍塞责等现象,将政策要求及时、准确、有效地传导落地基层,落实成效应作为一项重要的合规经营类考核指标纳入绩效考评办法。

(十六)加强监管督促指导。各级银行保险监管部门要加强监管督促和指导,结合复工复产自查督查以及市场乱象整治"回头看"等工作安排,及时跟进了解各银行保险机构相关问题整改落实和重点工作推进情况,推动机构建立完善联合诊断、联合会商、授信授权、尽职免责、绩效考核等机制,进一步规范信贷融资收费,提升金融服务实体经济能力和质效。各级银行业协会和各保险社团要充分发挥作用,强化行业自律监督,全力保障市场主体纾困和浙江经济高质量发展。

中国银保监会浙江监管局

2020年7月29日

附 录

2020年杭州金融服务业大事记

1月7日　杭州金融综合服务平台累计撮合融资金额突破100亿元大关，有效缓解中小微企业融资难、融资贵问题。

1月9日　全国首家人才小贷公司——浙江人才小额贷款有限公司落户本市。

1月14日　滨江区企业泰林生物在深交所上市。

1月15日　钱塘新区企业奥普家居在上交所上市。

2月9日　杭州市委市政府发布《关于严格做好疫情防控帮助企业复工复产的若干政策》；24日，出台《降低企业融资成本政策实施细则》《免收企业担保费用政策实施细则》等实施细则，助力企业解决复工复产融资难题。

2月25日　杭州市金融办发布杭州及区县（市）抗疫惠企政策汇编。

3月2日　建德市企业建业股份在上交所上市。

3月12日　建德市企业深蓝科技在港交所上市。

3月17日　人行杭州中心支行组织召开金融委办公室地方协调机制（浙江省）（简称浙江协调机制）成立会议暨第一次例会，标志着浙江协调机制正式成立并运行。

4月26日　根据人民银行《关于同意在上海等6市（区）开展金融科技创新监管试点的批复》（银办函〔2020〕48号），杭州被列为金融科技创新监管试点城市之一。

4月29日　滨江区企业光云科技在上交所科创板上市。

5月13日　人行杭州中心支行召开全省金融机构打击治理电信网络新型违法犯罪暨跨境赌博工作推进会。

5月21日　浙江银保监局联合浙江省税务局举办"深化银税互动　助力民企高质量发展"暨优质服务表彰大会。双方签订战略合作协议并启动上线浙江省金融综合服务平台"银税互动"专区。

5月25日　钱塘江金融港湾联盟举办云课堂活动。

6月11日　滨江区企业网易在港交所上市。

6月18日　钱塘新区企业聚合顺在上交所上市。

6月23日　浙江银保监局联合省发展改革委组织召开浙江省服务参与"一带一路"建设企业银企对接会。

6月26日　余杭区企业亿邦国际在美国纳斯达克上市。

6月29日　桐庐县企业康基医疗在港交所上市。

6月份　杭州市处置非法集资活动联席会议办公室组织开展"守住钱袋子·护好幸福家"为主题的防范非法集资宣传月活动。

7月1日　人行杭州中心支行联合杭州市中级人民法院、浙江银保监局、杭州市金融办联合召开"建立金融纠纷繁简分流改革合作机制"新闻发布会，四部门共同签署《合作备忘录》，标志着杭州市金融纠纷繁简分流合作机制的正式建立。

7月10日　西湖区企业绿城管理在港交所上市。

7月16日　浙江省打击治理跨境赌博金融监管工作组第一次全体会议在杭州召开。

7月20日　全市金融工作会议暨打造融资畅通工程推进大会召开。

7月23日　全市私募股权投资行业座谈会召开。

7月24日　余杭区企业申昊科技在深交所上市。

8月5日　富阳区企业华达新材在上交所上市。

8月19日　余杭区企业华光新材在上交所科创板上市。

8月19日　钱塘新区企业格林达在上交所上市。

8月25日　浙江证监局与浙江省注册会计师协会签署《会计师事务所执业监管合作协议》。

8月27日　浙江省银行账户自律机制成立大会暨自律机制委员会第一次全体会议顺利召开，会议审议并表决通过《浙江省银行账户自律机制工作规则》《浙江省银行账户自律公约第1号——企业银行账户开户审核（试行）》。

8月28日　全国首家中外合资清算机构连通（杭州）技术有限公司正式开业。

9月2日　2020年浙江省"金融联合宣传教育活动"在杭州拉开序幕。

9月8日　余杭区企业众望布艺在上交所上市。

9月8日　西湖区企业农夫山泉在港交所上市。

9月11日　钱塘新区企业立昂微在上交所上市。

9月11日　余杭区企业豪悦护理在上交所上市。

9月28日　滨江区企业山科智能在深交所上市。

10月26日　建德市企业大洋生物在深交所上市。

10月28日　杭州市地方金融监督管理局正式揭牌,挂杭州市人民政府金融工作办公室牌子。

11月4日　浙江省民营企业债务融资工具发行推介会在杭州成功举办。

11月16日　人行杭州中心支行在杭州火车东站广场举行全省"百城千家万名"整治拒收现金集中宣传活动启动仪式,在杭39家银行机构参加。

11月19日　浙江银保监局联合浙江省市场监督管理局等在杭州举办2020年国家知识产权质押融资"入园惠企"活动现场启动式暨浙江站主场活动。

11月20日　浙江证监局与省地方金融监管局联合印发《关于推动上市公司高质量发展的实施意见》。

11月24日　浙江银保监局联合省地方金融监管局召开全省信用风险防控工作推进会。

11月24日　滨江区企业中控技术在上交所科创板上市。

11月26日　浙江证监局举办浙江辖区上市公司监管工作座谈会。

11月28日　在2020年中国资本年会上,杭州获评2020年上市竞争力领先城市。

12月3日　浙江银保监局召开"双保"应急融资工作推进会。

12月10日　"金融赋能中国(浙江)自由贸易试验区扩区新发展研讨会"在杭州召开。

12月11日　浙江银保监局与省发展改革委共同推动线上投标保证保险省市对接工作,双方签署合作备忘录,进一步加强在投标保证保险领域的合作。

12月11日　江干区企业杭华油墨在上交所科创板上市。

12月24日　浙江省金融标准创新建设试点顺利通过终期验收。

12月28日　临安区企业华旺股份在上交所上市。

12月28日 下城区企业瑞丽医美在港交所上市。

12月28日 浙江首家、全国第五家天然气交易市场——浙江天然气交易市场有限公司在杭州揭牌运营。

2020年杭州市经济金融主要指标

指标	2020年	同比增减(%)
全市生产总值(亿元)	16106	3.9
其中:第三产业(亿元)	10959	5.0
金融业增加值(亿元)	2038	10.6
社会融资规模增量(亿元)	9808.84	27.34
金融机构本外币存款余额(亿元)	54246.47	19.78
金融机构本外币贷款余额(亿元)	49799.28	17.88
证券经营机构代理交易额(万亿元)	25.7	48.4
期货经营机构代理交易额(万亿元)	49.3	40.1
在中基协备案的私募基金管理人管理资产规模(亿元)	6631.4	13.6
保费收入（亿元）	964.44	13.96
保险赔付支出(亿元)	264.64	8.87
期末境内外上市公司数(家)	218	比年初新增28家
其中:境内(家)	162	比年初新增16家
期末小贷公司贷款余额(亿元)	108.81	−8.79
期末融资担保责任余额(亿元)	585.41	−1.6
期末典当余额(亿元)	38.87	19.15

2020年杭州市金融机构名录

2020年杭州市银行机构名录

（截至2020年12月31日）

序号	机构名称	机构地址	联系方式
1	国家开发银行浙江省分行	杭州市江干区城星路69号	89778066
2	中国进出口银行浙江省分行	杭州市下城区教场路18号	13456780016
3	中国农业发展银行浙江省分行	杭州市下城区建国北路283号双牛大厦	87299110
4	中国工商银行股份有限公司浙江省分行	杭州市上城区中河中路150号	87336188
5	中国农业银行股份有限公司浙江省分行	杭州市江干区江锦路100号	87226000
6	中国银行股份有限公司浙江省分行	杭州市下城区凤起路321号	87021384
7	中国建设银行股份有限公司浙江省分行	杭州市江干区解放东路33号	85313228
8	交通银行股份有限公司浙江省分行	杭州市江干区四季青街道剧院路1-39号	87073388
9	浙商银行股份有限公司	杭州市下城区庆春路288号	87659676
10	中信银行股份有限公司杭州分行	杭州市江干区四季青街道解放东路9号	87032888
11	上海浦东发展银行股份有限公司杭州分行	杭州市上城区延安路129号	87790119
12	华夏银行股份有限公司杭州分行	杭州市江干区四季青街道香樟街2号泛海国际中心2幢2-3层、21-36层	87239110

序号	机构名称	机构地址	联系方式
13	招商银行股份有限公司杭州分行	杭州市西湖区杭大路23号	85789028
14	广发银行股份有限公司杭州分行	杭州市下城区延安路516号	87060722
15	平安银行股份有限公司杭州分行	杭州市下城区庆春路36号	87568666
16	中国民生银行股份有限公司杭州分行	杭州市钱江新城市民街98号尊宝大厦金尊1层、6至18层及36层	87239790
17	兴业银行股份有限公司杭州分行	杭州市下城区庆春路40号	87370710
18	中国光大银行股份有限公司杭州分行	杭州市拱墅区密渡桥路1号浙商时代大厦1-14层	87895358
19	恒丰银行股份有限公司杭州分行	杭州市下城区建国北路639号	85086024
20	渤海银行股份有限公司杭州分行	杭州市下城区体育场路117号	28119879
21	中国邮政储蓄银行股份有限公司浙江省分行	杭州市下城区百井坊巷87号	87335016
22	中国华融资产管理股份有限公司浙江省分公司	杭州市上城区开元路19-1、19-2号	87836725
23	中国长城资产管理股份有限公司浙江省分公司	杭州市下城区邮电路23号浙江长城资产大楼8、9两层及附楼	85167890
24	中国东方资产管理股份有限公司浙江省分公司	杭州市下城区庆春路225号西湖时代广场5楼	87163369
25	中国信达资产管理股份有限公司浙江省分公司	杭州市下城区延安路528号标力大厦B座11-12层	85774691
26	杭州银行股份有限公司	杭州市下城区庆春路46号	85107792

续表

序号	机构名称	机构地址	联系方式
27	上海银行股份有限公司杭州分行	杭州市江干区新业路200号	87560235
28	宁波银行股份有限公司杭州分行	杭州市西湖区保俶路146号	87205999
29	北京银行股份有限公司杭州分行	杭州市江干区五星路66号	86996502
30	南京银行股份有限公司杭州分行	杭州市下城区凤起路432号金都杰地大厦	81135987
31	江苏银行股份有限公司杭州分行	杭州市西湖区天目山路38-42号浙江出版集团大厦东侧1-3层	88359666
32	浙江泰隆商业银行股份有限公司杭州分行	杭州市上城区望江东路59号	81117888
33	浙江稠州商业银行股份有限公司杭州分行	杭州市上城区富春路168号	87137788
34	浙江民泰商业银行股份有限公司杭州分行	杭州市拱墅区莫干山路268号	87209665
35	温州银行股份有限公司杭州分行	杭州市下城区仙林桥直街3号仙林大厦	87338001
36	台州银行股份有限公司杭州分行	杭州市江干区城星路59号101室、1401室	86893535
37	金华银行股份有限公司杭州分行	杭州市西湖区保俶路238号1幢	28289961
38	湖州银行股份有限公司杭州分行	杭州市江干区城星路94、96号1楼	87026699
39	宁波通商银行股份有限公司杭州分行	杭州市江干区西子国际中心103室	81727313
40	浙江网商银行股份有限公司	杭州市西湖区学院路28-38号德力西大厦1号楼15-17层	22907414

序号	机构名称	机构地址	联系方式
41	杭州联合农村商业银行股份有限公司	杭州市上城区建国中路99号	87923272
42	浙江萧山农村商业银行股份有限公司	杭州市萧山区人民路258号	82712929
43	浙江杭州余杭农村商业银行股份有限公司	杭州市余杭区南苑街道南大街72号	86234561
44	浙江富阳农村商业银行股份有限公司	杭州市富阳区鹿山街道依江路501号	63334386
45	浙江桐庐农村商业银行股份有限公司	杭州市桐庐县迎春南路278号	64218816
46	浙江临安农村商业银行股份有限公司	杭州市临安区锦城街道城中街442号	63726218
47	浙江建德农村商业银行股份有限公司	杭州市建德市新安江街道新安东路126号	64735221
48	浙江淳安农村商业银行股份有限公司	杭州市淳安县千岛湖镇环湖北路369号	64813958
49	浙江建德湖商村镇银行股份有限公司	杭州市建德市新安东路247号	64791825
50	浙江桐庐恒丰村镇银行股份有限公司	杭州市桐庐县迎春南路86号	69813009
51	浙江临安中信村镇银行股份有限公司	杭州市临安区锦城街道石镜街777号	61109026
52	浙江淳安中银富登村镇银行有限责任公司	杭州市淳安县千岛湖镇新安南路15-51号	65092228
53	浙江余杭德商村镇银行股份有限公司	杭州市余杭区塘栖镇广济路273-287号	89028500
54	浙江萧山湖商村镇银行股份有限公司	杭州市萧山区宁围镇市心北路229号	83515800

续表

序号	机构名称	机构地址	联系方式
55	浙江富阳恒通村镇银行股份有限公司	杭州市富阳区富春街道金桥北路8号	58836666
56	建德市大同镇桑盈农村资金互助社	杭州市建德市大同镇新街2号	64585686
57	浙江南浔农商行临安支行	杭州市临安区城中街638号	61092205
58	浙江南浔农商行富阳支行	杭州市富阳区富春街道桂花西路97号	61792305
59	三井住友银行(中国)有限公司杭州分行	杭州市下城区延安路385号杭州嘉里中心2幢5楼	28891111
60	东亚银行(中国)有限公司杭州分行	杭州市江干区万象城2幢101-01、1701、1703-02室	89812288
61	汇丰银行(中国)有限公司杭州分行	杭州市江干区钱江路1366号万象城2幢2001-01、2001-02、2001-08、2003-02、2003-03室	89811266
62	花旗银行(中国)有限公司杭州分行	杭州市下城区庆春路118号嘉德广场1301、1308室	87229088
63	恒生银行(中国)有限公司杭州分行	杭州市下城区延安路385号杭州嘉里中心2幢(商)1号及2幢7层701、702室	87296178
64	渣打银行(中国)有限公司杭州分行	杭州市下城区延安路385号杭州嘉里中心2幢6层604单元	87365355
65	南洋商业银行(中国)有限公司杭州分行	杭州市滨江区江南大道3688号通策广场2幢101-201室	87786000
66	星展银行(中国)有限公司杭州分行	杭州市西湖区教工路18号世贸丽晶城欧美中心1号楼D区101、103、105室及A区1802、1803室	81133188
67	大华银行(中国)有限公司杭州分行	杭州市西湖区天目山路181号天际大厦201、203室	28090799

序号	机构名称	机构地址	联系方式
68	澳大利亚和新西兰银行(中国)有限公司杭州分行	杭州市西湖区教工路18号世贸丽晶城欧美中心1号楼(C区)302-303室	26890888
69	三菱日联银行(中国)有限公司杭州分行	杭州市下城区延安路385号杭州嘉里中心2幢10层1002、1003、1004单元	87928080
70	澳门国际银行杭州分行	杭州市江干区高德置地中心1幢2906室、3幢101室-101	26208888
71	中建投信托股份有限公司	杭州市西湖区教工路18号世贸丽晶城欧美中心1号楼(A座)18-19层C、D区	89891502
72	杭州工商信托股份有限公司	杭州市江干区迪凯国际中心41层	87218033
73	浙商金汇信托股份有限公司	杭州市下城区庆春路199号6-8层、1-2层西面商铺	4008665588
74	万向信托股份公司	杭州市体育场路429号4-6层及9-17层	85822379
75	万向财务有限公司	杭州市萧山区生兴路2号	87163211
76	浙江省能源集团财务有限责任公司	杭州市环城北路华浙广场1号楼9楼(全部)和11楼的A、B、B1、C、C1、G、H、I座	86669990
77	浙江省交通投资集团财务有限责任公司	杭州市江干区五星路199号明珠国际商务中心2号楼8层	87568088
78	中国电力财务有限公司浙江分公司	杭州市西湖区万塘路18号黄龙时代广场A座21楼	51213810
79	物产中大集团财务有限公司	杭州市下城区中大广场A座7楼	87895995

续表

序号	机构名称	机构地址	联系方式
80	海亮集团财务有限责任公司	杭州市滨江区滨盛路 1508 号海亮大厦 25 楼 2517-2526 室	56051000
81	杭州锦江集团财务有限责任公司	杭州市拱墅区湖墅南路 111 号杭州锦江大厦 12 楼	28334604
82	传化集团财务有限公司	杭州市萧山区宁围街道 939 号浙江商会大厦 2 幢 5 层	82602688
83	华融金融租赁股份有限公司	杭州市西湖区曙光路 122 号世贸大厦 6、7 楼	87007839
84	裕隆汽车金融（中国）有限公司	杭州市萧山区萧山经济技术开发区东方世纪中心 1301-1305 室	57182228
85	杭银消费金融股份有限公司	杭州市下城区庆春路 38 号 1 层 101 室，8 层 801、802、803、804 室，11 层 1101、1102 室	86850291
86	杭银理财有限责任公司	杭州市下城区庆春路 38 号金龙财富中心 6 层	85107792

2020年杭州市保险机构名录

（截至 2020 年 12 月 31 日）

序号	机构名称	机构地址	联系方式
1	中国人民财产保险股份有限公司浙江省分公司	杭州市上城区中河中路66号，中山中路400号，光复路162号	87810888
2	中国太平洋财产保险股份有限公司浙江分公司	杭州市西湖区莫干山路501号1至14层	87223801
3	中国平安财产保险股份有限公司浙江分公司	杭州市西湖区教工路88号立元大厦7-9楼	88381818
4	天安财产保险股份有限公司浙江省分公司	杭州市上城区望江街道望江东路332号望江国际中心C座5层	87041888
5	史带财产保险股份有限公司浙江分公司	杭州市下城区环城北路208号坤和中心1004室	85155257
6	华泰财产保险有限公司浙江省分公司	杭州市江干区庆春东路66-1号庆春发展大厦15层	87238300
7	中华联合财产保险股份有限公司浙江分公司	杭州市拱墅区中华保险大厦1201、1301、1401、1501室	88103155
8	太平财产保险有限公司浙江分公司	杭州市下城区庆春路136号广利大厦15楼,7层706、707、708、709室	28811000
9	中国大地财产保险股份有限公司浙江分公司	杭州市上城区馆驿后2号万新大厦7、8、11楼	87000226
10	中国出口信用保险公司浙江分公司	杭州市江干区庆春东路2-6号金投金融大厦19-20层	28036700
11	华安财产保险股份有限公司浙江分公司	杭州市西湖区天目山路7号东海创意中心12楼	87168888
12	永安财产保险股份有限公司浙江分公司	杭州市上城区凤凰城4号1901、1902、1903、1904、1905、1906室	85789659

续表

序号	机构名称	机构地址	联系方式
13	安邦财产保险股份有限公司浙江分公司	杭州市下城区建国北路639号华源大厦19楼	56920501
14	都邦财产保险股份有限公司浙江分公司	杭州市下城区体育场路105号凯喜雅大厦14楼	28006588
15	安盛天平财产保险股份有限公司浙江分公司	杭州市拱墅区远洋国际中心3号楼	28809111
16	中银保险有限公司浙江分公司	杭州市上城区金隆花园南区华顺大厦6-7层	87273033
17	阳光财产保险股份有限公司浙江省分公司	杭州市环城北路167号汇金国际大厦裙楼5层501、502、503室	87682057
18	亚太财产保险有限公司浙江分公司	杭州市江干区五星路185号泛海国际中心6幢2单元1001-1室	87669119
19	渤海财产保险股份有限公司浙江分公司	杭州市滨江区江南大道618号东冠大厦7楼	28002333
20	中国人寿财产保险股份有限公司浙江省分公司	杭州市下城区环城北路63号云天财富中心写字楼23、24、25层，8楼805室及新华路9号7楼	87253661
21	安诚财产保险股份有限公司浙江分公司	杭州市上城区秋涛路258号1号楼11层1101室	81900156
22	永诚财产保险股份有限公司浙江分公司	杭州市下城区中山北路565号德信大厦501室	28002903
23	安信农业保险股份有限公司浙江分公司	杭州市江干区新塘路72号、76-82号（双号）第5层	28112811
24	浙商财产保险股份有限公司	杭州市西湖区环城西路89号武林大厦1层	28299999

序号	机构名称	机构地址	联系方式
25	紫金财产保险股份有限公司浙江分公司	杭州市江干区城星路59号1701室	28080888
26	长安责任保险股份有限公司浙江省分公司	杭州市下城区凯旋路385号紫玉名府3幢13楼	28110801
27	利宝保险有限公司浙江分公司	杭州市上城区婺江路217号1号楼701、703、705、707室	87368988
28	华农财产保险股份有限公司浙江分公司	杭州市西湖区世贸丽晶城欧美中心1号楼(D区)405、406室	87602721
29	国泰财产保险有限责任公司浙江分公司	杭州市西湖区西溪路560号5幢4楼401、402室	28072288
30	国任财产保险股份有限公司浙江分公司	杭州市江干区新塘路72号、76-82号(双号)杭州新业大厦15层1501室	28293273
31	爱和谊日生同和财产保险(中国)有限公司浙江分公司	杭州市下城区环城北路208号32层01、08室	28058588
32	英大泰和财产保险股份有限公司浙江分公司	杭州市江干区凤起东路189号新城时代广场1幢1701、1702、1703室	28297660
33	泰山财产保险股份有限公司浙江分公司	杭州市江干区凯旋路445号浙江物产国际广场15层A、B、C、D、E座	28312031
34	美亚财产保险有限公司浙江分公司	杭州市江干区富春路290号钱江国际广场3号楼602、603单元	26893900
35	众诚汽车保险股份有限公司浙江分公司	杭州市江干区钱江新城五星路188号荣安大厦20楼	28172888

续表

序号	机构名称	机构地址	联系方式
36	东京海上日动火灾保险(中国)有限公司浙江分公司	杭州市江干区钱江新城钱江国际时代广场3幢1405号	81998758
37	大家财产保险有限责任公司浙江分公司	杭州市下城区建国北路639号1903、1904室	56920501
38	太平科技保险股份有限公司	杭州市滨江区长河街道泰安路239号11层	28323096
39	中国人寿保险股份有限公司浙江省分公司	杭州市上城区中河中路80号浙江人寿大厦	87216472
40	中国太平洋人寿保险股份有限公司浙江分公司	杭州市上城区之江路928号临江金座1号16楼	87220857
41	中国平安人寿保险股份有限公司浙江分公司	杭州市江干区四季青街道民心路280号平安金融中心A幢26层	87556600
42	泰康人寿保险有限责任公司浙江分公司	杭州市江干区五星路188号荣安大厦2201、2601室	85802019
43	新华人寿保险股份有限公司浙江分公司	杭州市江干区庆春广场西侧西子国际中心1号楼33-36层	87235371
44	太平人寿保险有限公司浙江分公司	杭州市下城区广利大厦裙楼5楼	28889696
45	民生人寿保险股份有限公司浙江分公司	杭州市下城区绍兴路161号野风现代中心北楼12楼	85389505
46	光大永明人寿保险有限公司浙江分公司	杭州市下城区凤起路78号浙金广场附楼3楼303室	28080576
47	中宏人寿保险有限公司浙江分公司	杭州市下城区庆春路38号金龙财富中心10层、12层	28023322
48	华泰人寿保险股份有限公司浙江分公司	杭州市萧山区宁围街道平澜路259号国金中心1单元2301室	28936000
49	中德安联人寿保险有限公司浙江分公司	杭州市江干区庆春东路66-1号2101-1室、2101-2室	28029698

序号	机构名称	机构地址	联系方式
50	中国人民健康保险股份有限公司浙江分公司	杭州市上城区庆春路25-29号远洋大厦21层	28918898
51	合众人寿保险股份有限公司浙江分公司	杭州市上城区中河中路222号平海国际大厦15-17楼	28907766
52	中信保诚人寿保险有限公司浙江省分公司	杭州市下城区绍兴路161号野风现代中心北楼1301、1302室	28065118
53	长生人寿保险有限公司浙江分公司	杭州市江干区庆春东路1-1号西子联合大厦12楼	28035888
54	中国人民人寿保险股份有限公司浙江省分公司	杭州市上城区解放路18号铭扬大厦4楼	85871757
55	平安养老保险股份有限公司浙江分公司	杭州市西湖区文三路90号东部软件园科技大厦17楼	87556792
56	同方全球人寿保险有限公司浙江分公司	杭州市江干区钱江路1366号万象城2幢1901室	28894868
57	富德生命人寿保险股份有限公司浙江分公司	杭州市江干区四季青街道钱江路1366号万象城2幢华润大厦A座23层01、02、03、05、06、07、08、09室和25层02、03、09室	28867766
58	信泰人寿保险股份有限公司	杭州市江干区五星路66号19、20、21、22、24层	87116843
59	陆家嘴国泰人寿保险有限责任公司浙江分公司	杭州市江干区太平门直街260-266号三新银座2幢10楼1001室	28039899
60	中美联泰大都会人寿保险有限公司浙江分公司	杭州市西湖区万塘路18号2楼202、203,3A楼3A02、3A07,5楼507,8楼801,9楼901、902、903、906,14楼和15楼1501、1506室	87799688
61	英大泰和人寿保险股份有限公司浙江分公司	杭州市西湖区莫干山路231号锐明大厦6楼	28350278

续表

序号	机构名称	机构地址	联系方式
62	农银人寿保险股份有限公司浙江分公司	杭州市西湖区莫干山路333号美莱商务大厦15F	85175999
63	招商信诺人寿保险有限公司浙江分公司	杭州市下城区环城北路208号坤和中心19层02、03、04室	86587123
64	国华人寿保险股份有限公司浙江分公司	杭州市江干区凤起东路189号新城时代广场1幢24楼	28115885
65	阳光人寿保险股份有限公司浙江分公司	杭州市下城区庆春路26号发展大厦1层102-103室、3层、4层、12层	87563163
66	太平养老保险股份有限公司浙江分公司	杭州市江干区新业路200号华峰国际商务大厦25楼2502、2503、2504室	28058228
67	瑞泰人寿保险有限公司浙江分公司	杭州市下城区体育场路105号凯喜雅大厦1504-1506室	28065516
68	幸福人寿保险股份有限公司浙江分公司	杭州市西湖区莫干山路231号广厦锐明大厦10楼	28086666
69	安邦人寿保险股份有限公司浙江分公司	杭州市下城区建国北路639号华源发展大厦1801、1901室	56920799
70	工银安盛人寿保险有限公司浙江分公司	杭州市下城区绍兴路161号野风现代中心北楼301、302、303、304、702室	28085180
71	和谐健康保险股份有限公司浙江分公司	杭州市西湖区曙光路122号世贸中心A座16楼	58121722
72	中邮人寿保险股份有限公司浙江分公司	杭州市西湖区莫干山路329号	87269909
73	君龙人寿保险有限公司浙江分公司	杭州市下城区建国北路276号东联大厦10楼	28137553

序号	机构名称	机构地址	联系方式
74	昆仑健康保险股份有限公司浙江分公司	杭州市西湖区莫干山路231号锐明大厦12楼	28289191
75	华夏人寿保险股份有限公司浙江分公司	杭州市上城区解放路18号5层A座、601-604室、1204室	28901666
76	泰康养老保险股份有限公司浙江分公司	杭州市下城区绍兴路161号野风现代中心北楼601、602、603室	87782650
77	平安健康保险股份有限公司浙江分公司	杭州市江干区民心路280号平安金融中心A座9楼	87996115
78	中韩人寿保险有限公司	杭州市江干区四季青街道香樟街39号国贸金融大厦21-23层	85837888
79	百年人寿保险股份有限公司浙江分公司	杭州市江干区富春路290号钱江国际时代广场3号楼20层和33层（3301、3305、3306室）	87393533
80	建信人寿保险股份有限公司浙江分公司	杭州市拱墅区湖墅南路277号6-7层	87907901
81	君康人寿保险股份有限公司浙江分公司	杭州市下城区中山北路611号地铁商务大厦7层	28896777
82	中意人寿保险有限公司浙江省分公司	杭州市下城区上塘路15号武林时代商务中心7楼及8楼	26201888
83	中银三星人寿保险有限公司浙江分公司	杭州市江干区新业路8号华联时代大厦B幢5层501、504室，11层1101、1104室	56051656
84	交银康联人寿保险有限公司浙江省分公司	杭州市上城区庆春路173号8层	86590273
85	汇丰人寿保险有限公司浙江分公司	杭州市江干区万象城2幢801-07室、803-07室	28065901

2020年杭州市证券经营机构名录

（截至2020年12月31日）

序号	机构名称	机构地址	联系方式
1	财通证券股份有限公司	杭州市西湖区天目山路198号	95336
2	浙商证券股份有限公司	杭州市江干区五星路201号	95345
3	金通证券有限责任公司	杭州市滨江区东信大道66号5幢D座A区3层	85783714
4	财通证券资产管理有限公司	杭州市上城区白云路26号143室	95336
5	浙江浙商证券资产管理有限公司	杭州市江干区五星路201号	95345
6	安信证券股份有限公司浙江分公司	杭州市西湖区莫干山路639号3层301-1室	88063138
7	财通证券股份有限公司杭州第二分公司	杭州市上城区太和广场8号1701、1702、1703、1704、1705室	86963030
8	财通证券股份有限公司杭州第三分公司	杭州市西湖区文二路391号西湖国际科技大厦B2-8F财通证券	28311660
9	财通证券股份有限公司杭州第四分公司	杭州市拱墅区绿地运河商务中心5幢1302-1305室	28806023
10	财通证券股份有限公司杭州第一分公司	杭州市下城区环城北路169号汇金国际大厦西1幢9层901、902室	86961007
11	财信证券有限责任公司浙江分公司	杭州市下城区庆春路42号兴业银行大厦15A层05室	87679605
12	东北证券股份有限公司浙江分公司	杭州市江干区高德置地中心1号楼3803-3804室	85386611
13	东莞证券股份有限公司浙江分公司	杭州市滨江区丹枫路788号1幢101室	81391030

序号	机构名称	机构地址	联系方式
14	东吴证券股份有限公司浙江分公司	杭州市江干区瑞晶国际商务中心1703室	88292923
15	东兴证券股份有限公司杭州分公司	杭州市江干区来福士中心2幢1301室	86069139
16	东亚前海证券有限责任公司浙江分公司	杭州市拱墅区萍水街299号萍水太合商业中心7幢108、401室	87760850
17	方正证券股份有限公司浙江分公司	杭州市下城区延安路398号二轻大厦A座11楼	87782598
18	广发证券股份有限公司浙江分公司	杭州市上城区钱江路41号201甲室	86560793
19	国海证券股份有限公司浙江分公司	杭州市下城区河东路91号	86783695
20	国开证券股份有限公司浙江分公司	杭州市江干区中天国开大厦20层2011-4室、2011-5室、2012室	81686521
21	国融证券股份有限公司浙江分公司	杭州市西湖区北山街道白沙泉112号101室	88078118
22	国盛证券有限责任公司浙江分公司	杭州市江干区江锦路159号平安金融中心2幢第12层1201-02室	56009972
23	国泰君安证券股份有限公司浙江分公司	杭州市江干区五星路185号民生金融中心A座17楼	87044157
24	国信证券股份有限公司杭州分公司	杭州市江干区万象城3幢901-902室、908室	85214884
25	国信证券股份有限公司浙江分公司	杭州市萧山区宁围街道诺德财富中心1幢102室、2901-2904室	85214884

续表

序号	机构名称	机构地址	联系方式
26	国信证券股份有限公司浙江互联网分公司	杭州市滨江区长河街道滨盛路1688号明豪大厦1002、1005室	85214884
27	国元证券股份有限公司浙江分公司	杭州市滨江区江汉路1785号网新双城大厦4幢2201-1室	87682918
28	海通证券股份有限公司浙江分公司	杭州市江干区迪凯银座801、803、804室	87211015
29	华安证券股份有限公司浙江分公司	杭州市萧山区北干街道金城路358号蓝爵国际中心5号楼低区20层2002室	22918960
30	华福证券有限责任公司浙江分公司	杭州市下城区庆春路42号903、904、1101室	87819023
31	华金证券股份有限公司浙江分公司	杭州市上城区赞成中心西楼1209、1210室	28216796
32	华林证券股份有限公司浙江分公司	杭州市下城区朝晖路182号1号楼2612、2613室	85173750
33	华龙证券股份有限公司浙江分公司	杭州市西湖区玉古路168号武术馆大楼716-721室	28916090
34	华融证券股份有限公司浙江分公司	杭州市西湖区求是路8号公元大厦南楼22层2201、2202、2205室	87007610
35	华泰证券股份有限公司浙江分公司	杭州市滨江区江虹路1750号信雅达国际创意中心1幢2302、2304、2305、2306、2404室	86698701
36	华西证券股份有限公司浙江分公司	杭州市西湖区文三路386-390号、学院路99号3幢1504室	88213669
37	江海证券有限公司浙江分公司	杭州市江干区财富金融中心2幢1507室	28901889

序号	机构名称	机构地址	联系方式
38	金元证券股份有限公司浙江分公司	杭州市江干区迪凯银座1403室	85056063
39	九州证券股份有限公司浙江分公司	杭州市拱墅区余杭塘路矩阵国际2号楼301、303室	86708110
40	民生证券股份有限公司浙江分公司	杭州市江干区五星路185号泛海国际中心6幢2单元801-A-01室	56310702
41	南京证券股份有限公司浙江分公司	杭州市江干区旺座中心1幢1202室	86906386
42	平安证券股份有限公司浙江分公司	杭州市江干区民心路280号平安金融中心1幢1801-2室	88307395
43	申港证券股份有限公司浙江分公司	杭州市江干区瑞立江河汇大厦2233室	28323582
44	申万宏源证券有限公司浙江分公司	杭州市拱墅区华浙广场1号18楼	85063953
45	首创证券股份有限公司浙江分公司	杭州市西湖区文二路391号(西湖国际科技大厦)2310-1室	85883757
46	天风证券股份有限公司浙江分公司	杭州市西湖区教工路88号立元大厦12楼1202室	87632159
47	万和证券股份有限公司浙江分公司	杭州市江干区五星路188号荣安大厦802-1室	81999060
48	西南证券股份有限公司浙江分公司	杭州市江干区紫晶商务城1幢304-1室	86784006
49	湘财证券股份有限公司浙江分公司	杭州市西湖区西溪路128号新湖商务大厦701室	87650370
50	信达证券股份有限公司浙江分公司	杭州市滨江区丹枫路676号香溢大厦702室	28999488
51	兴业证券股份有限公司浙江分公司	杭州市江干区迪凯银座31楼	87835777

续表

序号	机构名称	机构地址	联系方式
52	银泰证券有限责任公司浙江分公司	杭州市萧山区宁围街道广孚联合国际中心2702-2室	85780597
53	粤开证券股份有限公司杭州分公司	杭州市江干区钱江国际时代广场3幢2903室	28233865
54	长城证券股份有限公司浙江分公司	杭州市下城区延安路385号杭州嘉里中心2幢905室	89775175
55	长江证券股份有限公司浙江分公司	杭州市上城区甘水巷42号	86658298
56	浙商证券股份有限公司杭州分公司	杭州市西湖区杭大路1号黄龙世纪广场A区6楼617-625室	87901991
57	中国国际金融股份有限公司浙江分公司	杭州市江干区来福士中心2幢1901	86010188
58	中国银河证券股份有限公司浙江分公司	杭州市江干区泛海国际中心3幢28层	87253011
59	中国中金财富证券有限公司浙江分公司	杭州市下城区西湖文化广场19号2001-1室	85781171
60	中泰证券股份有限公司浙江分公司	杭州市江干区荣安大厦2502B室	85366308
61	中天国富证券有限公司浙江分公司	杭州市西湖区翠苑街道天目山路274号、万塘路2~18(双)号A座20楼02室	86611136
62	中信建投证券股份有限公司浙江分公司	杭州市上城区庆春路225号6楼604室	87067252
63	中信证券股份有限公司浙江分公司	杭州市江干区迪凯银座1901、1902、2201、2202、2203、2204、2301、2303、2304室	85783714
64	中邮证券有限责任公司浙江分公司	杭州市西湖区莫干山路329号	87269888

2020年杭州市期货机构名录

（截至2020年12月31日）

序号	机构名称	机构地址	联系方式
1	浙江新世纪期货有限公司	杭州市下城区体育场路335号	85058125
2	物产中大期货有限公司	杭州市拱墅区远洋国际中心2号楼901-910室	85377331
3	信达期货有限公司	杭州市萧山区宁围街道利一路188号天人大厦19-20层	28132660
4	大地期货有限公司	杭州市江干区四季青街道香樟街39号24、25层	85103151
5	盛达期货有限公司	杭州市萧山区宁围街道平澜路259号国金中心2单元2201室	83815996
6	宝城期货有限责任公司	杭州市西湖区求是路8号公元大厦南裙1-101、1-201、1-301、1-501室，北楼302室	85055580
7	国海良时期货有限公司	杭州市下城区河东路91号	85336116
8	永安期货股份有限公司	杭州市江干区新业路200号华峰国际商务大厦10层，1101、1102、1104室，16-17层	88388190
9	南华期货股份有限公司	杭州市上城区西湖大道193号2层、3层	87839290
10	浙商期货有限公司	杭州市西湖区天目山路198号财通双冠大厦东楼9-12层	87219365
11	创元期货股份有限公司杭州分公司	杭州市江干区瑞晶国际商务中心3001-A室	86083986
12	东方汇金期货有限公司浙江分公司	杭州市余杭区仓前街道欧美金融城5幢1310-1312室	86298675

续表

序号	机构名称	机构地址	联系方式
13	格林大华期货有限公司浙江分公司	杭州市江干区财富金融中心2幢3401室	28055961
14	广州金控期货有限公司杭州分公司	杭州市下城区绍兴路161号野风现代中心南楼701室	87791385
15	国海良时期货有限公司杭州分公司	杭州市拱墅区绿地运河商务中心11幢1201、1204-2室	85135800
16	华泰期货有限公司杭州分公司	杭州市江干区来福士中心2幢1801、1802室	85816963
17	建信期货有限责任公司浙江分公司	杭州市下城区新华路6号224、225、227室	87777082
18	前海期货有限公司浙江分公司	杭州市江干区钱江路1366号万象城2幢2601-03室	28312625
19	申银万国期货有限公司浙江分公司	杭州市江干区解放东路29号迪凯银座1904室	86063319
20	天风期货股份有限公司浙江分公司	杭州市萧山区北干街道金城路358号蓝爵国际中心5幢3703室1号	22670095
21	先锋期货有限公司浙江分公司	杭州市富阳区富春街道江滨西大道57号1506室	86726995
22	兴业期货有限公司杭州分公司	杭州市下城区庆春路42号1002室	85828718
23	兴证期货有限公司浙江分公司	杭州市江干区解放东路29号迪凯银座31楼3102室	28058985
24	银河期货有限公司浙江分公司	杭州市上城区解放路26号1002、1003室	28066363

序号	机构名称	机构地址	联系方式
25	永安期货股份有限公司杭州分公司	杭州市江干区华峰国际商务大厦503室	86676355
26	永安期货股份有限公司杭州西湖分公司	杭州市西湖区天目山路198号财通双冠大厦东楼18层1801、1802、1803、1804室	88371901
27	浙江新世纪期货有限公司杭州分公司	杭州市下城区万寿亭街13号701-710室	86831579
28	中财期货有限公司浙江分公司	杭州市西湖区体育场路458号2楼201、202、203、205、207、209、210室	56080568
29	中国国际期货股份有限公司杭州分公司	杭州市江干区西子国际中心2号楼1303室	89716750
30	中信建投期货有限公司杭州分公司	杭州市江干区钱江国际时代广场3幢702室	28056981
31	中信期货有限公司杭州萧山分公司	杭州市萧山区北干街道金城路438号东南科技研发中心6层603、604室	85060800
32	中信期货有限公司浙江分公司	杭州市江干区解放东路29号迪凯银座2302室	85783706
33	中银国际期货有限责任公司浙江分公司	杭州市西湖区西溪街道教工路18号世贸丽晶城欧美中心1号楼	87168256

2020年杭州市公募基金管理机构名录

（截至2020年12月31日）

序号	机构名称	机构地址	联系方式
1	浙商基金管理有限公司	杭州市下城区环城北路208号1801室	4000679908
2	财通证券资产管理有限公司	杭州市上城区白云路26号143室	95336
3	浙江浙商证券资产管理有限公司	杭州市江干区五星路201号	95345

2020年杭州市上市公司名录

（截至2020年12月31日）

境内上市公司名录

序号	公司名称	上市地点	上市时间	代码	行业类别
1	航天通信	上海	1993年9月28日	600677	IT
2	物产中大	上海	1996年5月17日	600704	商贸服务
3	东方通信	上海	1996年11月14日	600776	IT
4	浙江东方	上海	1997年11月12日	600120	商贸服务
5	杭钢股份	上海	1998年2月12日	600126	机械制造
6	钱江水利	上海	2000年9月15日	600283	公共设施
7	英特集团	深圳	1996年6月26日	000411	医药化工
8	浙大网新	上海	1997年3月25日	600797	IT
9	浙能电力	上海	2013年12月19日	600023	电力
10	众合科技	深圳	1999年5月7日	000925	IT
11	浙数文化	上海	2011年12月6日迁入	600633	出版业
12	天目药业	上海	1993年8月23日	600671	医药化工
13	杭州解百	上海	1994年1月14日	600814	商贸服务
14	百大集团	上海	1994年8月9日	600865	商贸服务
15	新安股份	上海	2001年9月6日	600596	医药化工
16	信雅达	上海	2002年11月1日	600571	IT
17	士兰微	上海	2003年3月11日	600460	IT
18	杭萧钢构	上海	2003年11月10日	600477	机械制造
19	恒生电子	上海	2003年12月16日	600570	IT
20	航民股份	上海	2004年8月9日	600987	纺织业
21	通策医疗	上海	1996年10月30日上市，2006年迁入	600763	医疗服务
22	数源科技	深圳	1999年5月7日	000909	IT
23	华东医药	深圳	2000年1月27日	000963	医药化工
24	传化智联	深圳	2004年6月29日	002010	医药化工

续表

序号	公司名称	上市地点	上市时间	代码	行业类别
25	亿帆医药	深圳	2004年7月13日	002019	医药化工
26	生意宝	深圳	2006年12月15日	002095	IT
27	万向钱潮	深圳	1994年1月10日	000559	机械制造
28	杭汽轮B	深圳	1998年4月28日	200771	机械制造
29	万家文化	上海	2003年2月20日上市，2007年迁入	600576	纺织业
30	三维通信	深圳	2007年2月15日	002115	IT
31	天马股份	深圳	2007年3月28日	002122	机械制造
32	广宇集团	深圳	2007年4月27日	002133	房地产
33	东南网架	深圳	2007年5月30日	002135	金属制品业
34	大立科技	深圳	2008年2月18日	002214	专用仪器仪表制造业
35	大华股份	深圳	2008年5月20日	002236	电子设备制造业
36	滨江集团	深圳	2008年5月29日	002244	房地产
37	聚力文化	深圳	2008年6月12日	002247	制造业
38	浙富控股	深圳	2008年8月5日	002266	机械制造
39	莱茵置业	深圳	2002年4月2日上市，2009年迁入	000558	房地产
40	万马股份	深圳	2009年7月10日	002276	机械制造
41	联络互动	深圳	2009年8月21日	002280	IT
42	亚太股份	深圳	2009年8月28日	002284	汽车零部件
43	银江股份	深圳	2009年10月30日	300020	IT
44	华星创业	深圳	2009年10月30日	300025	通信服务业
45	同花顺	深圳	2009年12月25日	300033	IT
46	中恒电气	深圳	2010年3月5日	002364	输配电及控制设备制造业
47	南都电源	深圳	2010年4月21日	300068	电器机械及器材制造业

续表

序号	公司名称	上市地点	上市时间	代码	行业类别
48	思创医惠	深圳	2010年4月30日	300078	计算机及相关设备制造业
49	海康威视	深圳	2010年5月28日	002415	电子设备制造业
50	康盛股份	深圳	2010年6月1日	002418	金属制品业
51	杭氧股份	深圳	2010年6月10日	002430	工业专用设备制造业
52	巨星科技	深圳	2010年7月13日	002444	工具制造业
53	顺网科技	深圳	2010年8月27日	300113	IT
54	富春环保	深圳	2010年9月21日	002479	电力生产业
55	杭齿前进	上海	2010年10月11日	601177	通用设备制造业
56	金固股份	深圳	2010年10月21日	002488	交通运输设备制造业
57	华策影视	深圳	2010年10月26日	300133	广播电影电视业
58	荣盛石化	深圳	2010年11月2日	002493	化学纤维制造业
59	老板电器	深圳	2010年11月23日	002508	金属制品业
60	宋城演艺	深圳	2010年12月9日	300144	旅游业
61	南方泵业	深圳	2010年12月9日	300145	专用设备制造业
62	杭锅股份	深圳	2011年1月10日	002534	锅炉及原动机制造业
63	宝鼎科技	深圳	2011年2月25日	002552	铸件制造业
64	贝因美	深圳	2011年4月12日	002570	乳制品制造业
65	聚光科技	深圳	2011年4月15日	300203	专用仪器仪表制造业
66	迪安诊断	深圳	2011年7月19日	300244	卫生、保健、护理服务业
67	初灵信息	深圳	2011年8月3日	300250	通信及相关设备制造业
68	兴源环境	深圳	2011年9月27日	300266	普通机械制造业

续表

序号	公司名称	上市地点	上市时间	代码	行业类别
69	中威电子	深圳	2011年10月12日	300270	通信设备制造业
70	赞宇科技	深圳	2011年11月25日	002637	化学原料及化学制品制造业
71	华媒控股	深圳	2003年12月17日上市,2012年迁入	000607	公用机械制造业
72	汉鼎股份	深圳	2012年3月19日	300300	计算机应用服务业
73	远方光电	深圳	2012年3月29日	300306	仪器仪表及文化、办公用机械制造业
74	宋都股份	上海	1997年5月20日上市,2012年迁入	600077	房地产开发与经营业
75	泰格医药	深圳	2012年8月17日	300347	专业、科研服务业
76	华数传媒	深圳	2012年8月迁入	000156	信息传播服务业
77	炬华科技	深圳	2014年1月21日	300360	通用仪器仪表制造业
78	思美传媒	深圳	2014年1月23日	002712	商业服务业
79	福斯特	上海	2014年9月5日	603806	橡胶和塑料制品业
80	健盛集团	上海	2015年1月27日	603558	纺织服务、服饰业
81	杭电股份	上海	2015年2月17日	603618	电线电缆产品的研发、生产、销售和服务
82	中泰股份	深圳	2015年3月26日	300435	深冷技术的工艺开发、设备设计、制造和销售
83	创业软件	深圳	2015年5月14日	300451	应用软件

序号	公司名称	上市地点	上市时间	代码	行业类别
84	永创智能	上海	2015年5月29日	603901	其他
85	华铁科技	上海	2015年5月29日	603300	房屋和土木工程
86	杭州高新	深圳	2015年6月10日	300478	机械设备、电气设备
87	先锋电子	深圳	2015年6月12日	002767	电子测量仪器
88	中亚股份	深圳	2016年5月26日	300512	机械设备、专用设备
89	微光股份	深圳	2016年6月22日	002801	机械设备、电气设备
90	顾家家居	上海	2016年10月14日	603816	家用轻工
91	集智股份	深圳	2016年10月21日	300553	机器设备仪器仪表
92	和仁科技	深圳	2016年10月18日	300550	信息服务-计算机应用
93	电魂网络	上海	2016年10月26日	603258	信息服务-传媒
94	杭州银行	上海	2016年10月27日	600926	金融服务-银行
95	贝达药业	深圳	2016年11月7日	300558	医药制造业
96	海兴电力	上海	2016年11月10日	603556	机械设备、仪器仪表
97	嘉凯城	深圳	1999年7月上市，2016年3月迁入	000918	房地产开发
98	平治信息	深圳	2016年12月13日	300571	信息服务-传媒
99	百合花	上海	2016年12月20日	603823	化工-化学制品
100	英飞特	深圳	2016年12月28日	300582	电子
101	杭叉集团	上海	2016年12月27日	603298	机械设备
102	华正新材	上海	2017年1月3日	603186	制造业-计算机通信
103	新坐标	上海	2017年2月9日	603040	机械设备

续表

序号	公司名称	上市地点	上市时间	代码	行业类别
104	诺邦股份	上海	2017年2月22日	603238	纺织服装-纺织制造
105	威星智能	深圳	2017年2月17日	002849	机械设备-电气设备
106	元成股份	上海	2017年3月24日	603388	建筑装饰园林工程
107	星帅尔	深圳	2017年4月12日	002860	家用零部件
108	长川科技	深圳	2017年4月17日	300604	其他专用机械
109	正元智慧	深圳	2017年4月21日	300645	IT服务
110	金石资源	上海	2017年5月3日	603505	采矿
111	万通智控	深圳	2017年5月5日	300643	制造业-汽车零部件
112	杭州园林	深圳	2017年5月5日	300649	园林
113	铁流股份	上海	2017年5月10日	603926	制造业-汽车零部件
114	雷迪克	深圳	2017年5月16日	300652	制造业-汽车零部件
115	吉华集团	上海	2017年6月15日	603980	化工-化学制品
116	诚邦股份	上海	2017年6月19日	603316	建筑装饰园林工程
117	浙商证券	上海	2017年6月26日	601878	资本市场服务
118	沪宁股份	深圳	2017年6月29日	300669	通用设备制造业
119	纵横通信	上海	2017年8月10日	603602	通信配套服务
120	春风动力	上海	2017年8月18日	603129	其他交运设备
121	万马科技	深圳	2017年8月31日	300698	计算机通信和其他电子设备制造
122	兆丰股份	深圳	2017年9月8日	300695	汽车制造业
123	银都股份	上海	2017年9月11日	603277	通用设备制造业

序号	公司名称	上市地点	上市时间	代码	行业类别
124	万隆光电	深圳	2017年10月19日	300710	通信传输设备
125	财通证券	上海	2017年10月24日	601108	资本市场服务
126	泰瑞机器	上海	2017年10月31日	603289	专用设备制造业
127	珀莱雅	上海	2017年11月15日	603605	制造业-化学原料和化学制品制造业
128	南都物业	上海	2018年2月1日	603506	房地产业
129	天地数码	深圳	2018年4月27日	300743	信息设备计算机设备
130	汉嘉设计	深圳	2018年5月25日	300746	建筑材料建筑装饰
131	浙商中拓	深圳	1999年7月7日上市，2018年迁入	000906	批发和零售业-批发业
132	每日互动	深圳	2019年3月25日	300766	信息服务通信服务
133	迪普科技	深圳	2019年4月12日	300768	信息服务-计算机应用
134	运达股份	深圳	2019年4月26日	300772	大型风力发电研发生产销售
135	新化股份	上海	2019年6月27日	603867	化工-化学制品
136	杭可科技	上海	2019年7月22日	688006	专用设备制造业
137	虹软科技	上海	2019年7月22日	688088	软件和信息技术服务业
138	胜达包装	上海	2019年7月26日	603687	轻工制造-包装印刷
139	南华期货	上海	2019年8月30日	603093	金融服务
140	壹网壹创	深圳	2019年9月27日	300792	信息服务-传媒
141	米奥兰特	深圳	2019年10月22日	300795	会展

续表

序号	公司名称	上市地点	上市时间	代码	行业类别
142	安恒信息	上海	2019年11月5日	688023	计算机应用服务业
143	鸿泉物联	上海	2019年11月6日	688288	计算机及相关设备制造业
144	浙商银行	上海	2019年11月26日	601916	银行
145	当虹科技	上海	2019年12月12日	688039	智能视频技术
146	泰林生物	深圳	2020年1月14日	300813	专用设备
147	奥普家居	上海	2020年1月15日	603551	家用电器-白色家电
148	建业股份	上海	2020年3月2日	603948	化工-化学制品
149	光云科技	上海	2020年4月29日	688365	计算机-计算机应用
150	聚合顺	上海	2020年6月18日	605166	化学原料和化学制品
151	申昊科技	深圳	2020年7月24日	300853	机械设备通用机械
152	华达新材	上海	2020年8月5日	605158	建筑材料-其他材料
153	华光新材	上海	2020年8月19日	688379	机械设备-金属制品
154	格林达	上海	2020年8月19日	603931	化工-化工制品
155	众望布艺	上海	2020年9月8日	605003	纺织制造
156	立昂微	上海	2020年9月11日	605358	电子半导体
157	豪悦护理	上海	2020年9月11日	605009	轻工制造
158	山科智能	深圳	2020年9月28日	300897	仪器仪表
159	大洋生物	深圳	2020年10月26日	003017	化工-化工原料
160	中控技术	上海	2020年11月24日	688777	电气设备
161	杭华油墨	上海	2020年12月11日	688571	化学制品

续表

序号	公司名称	上市地点	上市时间	代码	行业类别
162	华旺股份	上海	2020年12月28日	605377	轻工制造

境外上市公司名录

序号	公司名称	上市地点	上市时间	代码	行业类别
1	沪杭甬	中国香港	1997年5月	00576	基础设施
2	八方电信	新加坡	2004年7月23日	E25	IT
3	绿城中国	中国香港	2006年7月13日	03900	房地产
4	浙大兰德	中国香港	2002年5月3日	08106	IT
5	友佳国际	中国香港	2006年1月20日	02398	机械制造
6	友成控股	中国香港	2005年10月1日	00096	塑料模具
7	华鼎控股	中国香港	2005年12月15日	03398	纺织业
8	新利软件	中国香港	2001年9月5日	08076	IT
9	众安房产	中国香港	2007年11月13日	00672	房地产
10	美丝邦	澳大利亚	2007年	MES	化学纤维制造
11	松冈机电	澳大利亚	2008年12月31日	TYO	娱乐
12	琥珀能源	中国香港	2009年7月10日	00090	电厂建设、经营及管理
13	博可生物	法国	2009年	MLBOK	营养保健品
14	笑笑幼教	澳大利亚	2009年12月	XXL	幼儿教育
15	九洲大药房	美国（纳斯达克）	2010年4月	CJJD	医药零售连锁
16	斯凯网络	美国（纳斯达克）	2010年12月10日	MOBI	移动互联网应用
17	开元旅业	中国香港	2013年7月10日	1275	酒店投资与管理
18	新锐医药	中国香港	2013年10月25日	08180	医药分销
19	永盛新材料	中国香港	2013年11月27日	03608	纺织相关产品贸易、差别化涤纶面料染色及加工以及涤纶长丝生产

续表

序号	公司名称	上市地点	上市时间	代码	行业类别
20	矽力杰	中国台湾	2013年12月12日	6415	半导体业
21	中国新城市	中国香港	2014年7月10日	1321	房地产开发
22	天鸽互动	中国香港	2014年7月9日	1980	互联网软件与服务
23	达内科技	美国（纳斯达克）	2014年4月3日	TEDU	IT培训
24	阿里巴巴	美国（纽交所）	2014年9月19日	BABA	IT
25	中粮包装	中国香港	2009年11月16日	00906	包装产品
26	新明中国	中国香港	2015年7月6日	02699	房地产建筑
*	浙商银行	中国香港	2016年3月30日	02016	金融服务-银行
27	绿城服务	中国香港	2016年7月12日	02869	物业服务、顾问咨询服务、园区增值服务
28	江南布衣	中国香港	2016年10月31日	03306	设计推广销售服装鞋类配饰
29	百世集团	美国（纽交所）	2017年9月20日	BSTI	航空货运与物流
30	龙运国际	美国（纳斯达克）	2017年10月21日	LYL	众筹机会和孵化公司
31	阜博集团	中国香港	2018年1月4日	3738	视频分析管理平台
32	盛龙锦绣国际	中国香港	2017年7月17日	08481	制造和销售装饰印刷材料产品
33	51信用卡	中国香港	2018年7月13日	2051	个人金融服务
34	歌礼制药	中国香港	2018年8月1日	01672	生物科技
35	微贷网	美国（纽交所）	2018年11月15日	wei	车贷

序号	公司名称	上市地点	上市时间	代码	行业类别
36	蘑菇街	美国（纽交所）	2018年12月6日	mogu	电商
37	德信中国	中国香港	2019年2月26日	2019	房地产
38	开元酒店	中国香港	2019年3月11日	1158	酒店经营及管理
39	滨江服务	中国香港	2019年3月15日	03316	物业服务
40	如涵控股	美国（纳斯达克）	2019年4月3日	RUHN	网红孵化器供应链
41	云集	美国（纳斯达克）	2019年5月3日	YJ	电商
42	兑吧	中国香港	2019年5月7日	1753	媒体及娱乐
43	途屹控股	中国香港	2019年6月28日	01701	出境旅游产品及服务供应商
44	网易有道	美国（纽交所）	2019年10月25日	DAO	智能学习产品和服务
45	启明医疗	中国香港	2019年12月10日	02500	医疗保健设备
46	深蓝科技	中国香港	2020年3月12日	01950	原材料-特殊化工品
47	网易-S	中国香港	2020年6月11日	09999	在线游戏学习平台
48	亿邦国际	美国（纳斯达克）	2020年6月26日	EBON	集成电路芯片、区块链技术
49	康基医疗	中国香港	2020年6月29日	09997	医疗器械
50	绿城管理控股	中国香港	2020年7月10日	09979	物业服务及管理
*	泰格医药	中国香港	2020年8月7日	03347	医药科技
51	农夫山泉	中国香港	2020年9月8日	09633	食物饮品
52	索信达控股	中国香港	2019年12月13日上市，2020年迁入	03680	系统开发及软件科技顾问

续表

序号	公司名称	上市地点	上市时间	代码	行业类别
53	格陵兰科技	美国(纳斯达克)	2018年8月8日上市,2020年迁入	GTEC	工业机械
54	海亮教育	美国(纳斯达克)	2015年上市,2020年迁入	HLG	教育
55	瑞丽医美	中国香港	2020年12月28日	02135	医疗及医学美容服务
56	嘉楠科技	美国(纳斯达克)	2020年迁入	CAN	半导体

注:标*企业在境内外均上市。

2020年杭州市小贷公司名录

（截至2020年12月31日）

序号	公司名称	公司地址	联系方式
1	杭州市上城区广宇小额贷款有限公司	杭州市上城区岳王路24号三楼	87062806
2	杭州市上城区文广小额贷款股份有限公司	杭州市上城区东坡路66号东坡文物大楼602室	87855159
3	浙江文创小额贷款股份有限公司	杭州市下城区体育场路178号25幢1308室	85312281
4	浙江农发小额贷款股份有限公司	杭州市下城区武林路437号农发大厦6楼	85813251
5	杭州市江干区银货通小额贷款有限公司	杭州市江干区剧院路358号宏程国际大厦35层	81107871
6	杭州市江干区万事利科创小额贷款股份有限公司	杭州市江干区天城路68号(万事利科技大厦)2幢17楼	86883511
7	浙江林业小额贷款有限公司	杭州市江干区丹桂街19号迪凯国际3501室	13326138190
8	浙江兴合小额贷款有限公司	杭州市江干区市民街66号钱塘航空大厦2幢35层	85263508
9	杭州市拱墅区泰丰小额贷款有限公司	杭州市拱墅区金华路88-8号	28022828
10	杭州市拱墅区建华小额贷款股份有限公司	杭州市拱墅区沈半路2号	28859060
11	杭州市拱墅区利尔达小额贷款有限公司	杭州市拱墅区丰潭路380号城西银泰B座1003室	89908686
12	杭州市西湖区昆仑小额贷款有限公司	杭州市西湖区体育场路580号2号楼104室	85116890
13	杭州市西湖区御丰小额贷款有限公司	杭州市西湖区转塘街道浮山东路6区6号3楼	86775668

续表

序号	公司名称	公司地址	联系方式
14	杭州市西湖区浙农小额贷款有限公司	杭州市西湖区文一西路1号益展大厦A座7楼	87607700
15	杭州市高新区(滨江)东冠小额贷款股份有限公司	杭州市滨江区江南大道3850号创新大厦5楼	87796048
16	杭州高新区(滨江)中南小额贷款股份有限公司	杭州市滨江区江南大道3850号创新大厦611室	87111152
17	杭州市高新区(滨江)萧宏小额贷款有限公司	杭州市滨江区滨盛路1777号萧宏大厦8楼B座	86538519
18	杭州市高新区(滨江)兴耀普汇小额贷款有限公司	杭州市滨江区西兴街道江陵路1916号兴祺大厦1幢2004、2005室	81396187
19	杭州萧山萧然小额贷款有限公司	杭州市萧山区北干街道金城路550号	83801930
20	杭州市萧山区金丰小额贷款股份有限公司	杭州市萧山区金城路438号东南科技研发中心1701室	82711922
21	杭州市萧山区金诚小额贷款有限公司	杭州市萧山区北干街道金城路185号商会大厦B座1楼	83897722
22	杭州市萧山区悍马小额贷款股份有限公司	杭州市萧山区临浦镇人民路30号	82279188
23	杭州市萧山区萧丰小额贷款股份有限公司	杭州市萧山区建设四路4083号	83517157
24	杭州市萧山区环亚航小额贷款股份有限公司	杭州市萧山区金城路628号心意广场1幢1901室	82710000
25	杭州市萧山区新萧商小额贷款股份有限公司	杭州市萧山区北干街道萧山科创中心1幢1001室	83518199
26	杭州市萧山区永诚小额贷款有限公司	杭州市萧山区萧绍东路202号	83682316
27	浙江理想小额贷款有限公司	杭州市余杭区南苑街道世纪大道168号1单元2409-2412室	89029999

序号	公司名称	公司地址	联系方式
28	杭州市余杭区钱塘小额贷款股份有限公司	杭州市余杭区南苑街道迎宾路355号金鑫大厦25楼	86160996
29	杭州市余杭区华盈小额贷款股份有限公司	杭州市余杭区五常街道联胜路10号	89300816
30	杭州市余杭区日通小额贷款股份有限公司	杭州市余杭区南苑街道南苑街103号麦道大厦903室	89163791
31	杭州市余杭区宝鼎小额贷款股份有限公司	杭州市余杭区塘栖镇塘栖路238号	89028279
32	杭州市桐庐县富汇小额贷款股份有限公司	杭州市桐庐县滨江路388号富汇名座4楼	69917806
33	杭州市桐庐县浙富小额贷款股份有限公司	杭州市桐庐县滨江路1151号	69960156
34	杭州市桐庐县龙生小额贷款股份有限公司	杭州市桐庐县城南街道迎春四弄56号	64330026
35	杭州千岛湖康盛小额贷款股份有限公司	杭州市淳安县千岛湖镇环湖北路88号公路大厦3楼	64888851
36	杭州市淳安县沪千诚鑫小额贷款股份有限公司	杭州市淳安县千岛湖镇环湖北路87号4楼	64885277
37	建德市新安小额贷款股份有限公司	杭州市建德市洋溪街道洋安社区荷映路金塘小区1幢1号	64751881
38	建德市建业小额贷款股份有限公司	杭州市建德市新安江街道严州大道秀水华庭17幢35室	64788886
39	建德市白沙小额贷款有限公司	杭州市建德市新安江街道水韵天城108幢202室	64793336
40	杭州富阳浙丰小额贷款有限公司	杭州市富阳区富春街道体育馆路358号	61776508
41	杭州富阳永通小额贷款有限公司	杭州市富阳区江滨西大道2号	61710330

续表

序号	公司名称	公司地址	联系方式
42	杭州荣泰小额贷款有限公司	杭州市富阳区富春街道江滨西大道15号2-3号	23256883
43	杭州富阳富仓小额贷款有限公司	杭州市富阳区富春街道新兴路5号	61761800
44	杭州市临安区兆丰小额贷款股份有限公司	杭州市临安区锦城街道横潭路28号	61107007
45	杭州市临安区中达小额贷款股份有限公司	杭州市临安区锦城街道江南商城1幢	61081891
46	浙江人才小额贷款有限公司	杭州市余杭区文一西路998号海创园6号楼	88531377
47	杭州市下城区广信小额贷款股份有限公司	杭州市下城区朝晖路147号光大乐视眼镜店4楼	85092239
48	临安市康通小额贷款股份有限公司	杭州市临安区锦北街道苕溪北路398号	61106825
49	杭州市下城区美达小额贷款有限公司	杭州市下城区延安路468号1号楼1号门612室	85059605
50	浙江祐邦小额贷款有限公司	杭州市江干区五星路66号泛海国际中心C座19楼	28181919
51	浙江阿里巴巴小额贷款股份有限公司	杭州市西湖区天目山路266号黄龙时代广场B座支付宝大厦	26888888
52	下城区金昇小额贷款股份有限公司	—	—
53	杭州富阳金富春先进小额贷款有限公司	—	—
54	杭州市临安区韦丰小额贷款股份有限公司	—	—
55	富阳海通小额贷款有限公司	—	—